AN ENQUIRY CONCERNING
HUMAN UNDERSTANDING

人类理智研究

［英］大卫·休谟◎著

张连富◎译

David Hume

上海人民出版社

图书在版编目(CIP)数据

人类理智研究 ／（英）大卫·休谟（David Hume）著；张连富译. -- 上海 ：上海人民出版社，2025. -- ISBN 978-7-208-19310-9

Ⅰ. B561.291；B017

中国国家版本馆 CIP 数据核字第 2025FE1903 号

责任编辑 毛衍沁
封面设计 零创意文化

人类理智研究

［英］大卫·休谟 著

张连富 译

出　　版　上海人民出版社
　　　　　（201101　上海市闵行区号景路 159 弄 C 座）
发　　行　上海人民出版社发行中心
印　　刷　浙江新华数码印务有限公司
开　　本　787×1092　1/32
印　　张　8
插　　页　5
字　　数　102,000
版　　次　2025 年 3 月第 1 版
印　　次　2025 年 3 月第 1 次印刷
ISBN 978 - 7 - 208 - 19310 - 9/B·1798
定　　价　68.00 元

目录

说 明 ①

本书中的大多数原理和推理都发表在一部名为《人性论》的三卷本著作中：这部著作是作者在离开大学之前就计划好、不久之后就写完并出版了的。但由于没有取得成功，他意识到过早将之付梓的错误，于是，他在以下作品中将它全部重写——他希望，之前推理以及更多地是表达上的一些疏忽在这里得到了纠正。然而，有几位作家在以回应的方式向作者的哲学致敬时，却小心翼翼地将所有的攻击矛头对准那部作者从未承认过的幼年作品，并

① 休谟把这份说明装入一封于1775年10月26日寄给出版商的信中。

以他们自以为胜过该作品的任何优势自居：这种做法违背了所有公平和公正的规则，也暴露了偏执狂自以为有权使用的那些论辩伎俩。从今以后，作者希望只有以下作品才可被视为包含了他的哲学观点（sentiments）和原理。

第一章
论不同种类的哲学

　　道德哲学或人性科学（the science of human nature），可以用两种不同的方式来探讨；每种方式都有其独特的价值，也都有助于人类的娱乐、教导和改进。一种方式认为，人主要是为行动（action）而生的；并且他的举措受品位和情感（sentiment）的影响；他追求一个对象，避开另一个对象，这取决于这些对象显示出来的价值，也取决于它们呈现自身的角度。由于德性在所有对象中被认为是最有价值的，这类哲学家就用最动人的色彩来描绘她（her）；他们尽力从诗歌和雄辩中获得帮助，以简单而明显的方式探讨他们的主题，并采取其他最能取悦想象和激起感情（affections）的措施。他们从日常生活中选取最引人注目的观察和事例；把相反的人物置于合适的对比当中；用荣耀和幸福的愿景吸引我们走上德性之路，用最健全的戒律和最杰出的榜样指引我们走在这些道路上。他们让我们感受善与恶（vice and virtue）之间的区别；他们激发并调节我们的情感；他们认为，只要能使我们的心（hearts）服从于对正直和真正荣誉的热爱，他们的全部努力就完全达到了目的。

　　另一类哲学家认为人是理性（reasonable）的存在者，而不是行动（active）的存在者。他们努力培养的是人的理智（understanding），而不是人的举止（manners）。他们把人性当作思辨的主题；他们细致地检查它，以便找到一些原理——这些原理调节我们的理智，激发我们的情感，使我们赞同或指责任何特殊的对象、行动或行为。他们认为，哲学尚未毫无争议地确定道德、推理和批评的基础，永远在谈论真与假、善与恶、美与丑，却不能确定这些区分的来源，这是所有学问（literature）的耻辱。在他们试图完成这项艰巨的任务时，他们没有为困难所吓倒，而是在从特殊事例前进到普遍原理之后，继续将研究推进到更普遍的原理，直至达到最基本的原理——在每一门科学中，人类的所有好奇心必定为这些原理所限制。尽管他们的思辨对于普通读者显得抽象，甚至难以理解，但他们的目标是有学问者和有智慧者的认可；只要能够发现一些有益于教导后人的隐秘真理，他们就认为自己毕生的努力得到了充分的报偿。

确实，简单明了的哲学总是比精确而深奥的哲学更受大多数人的青睐；许多人不仅称赞它比后者更令人愉悦，而且称赞它比后者更有用。它更贴近日常生活；它塑造人的内心（heart）和感情（affections）；通过触动那些驱动人们的原理，它改进他们的举止，使他们更接近它所描绘的那个完美典范。相反，深奥的哲学由于建立在无法进入事务和行动的心性（a turn of mind）之上，所以当哲学家离开隐蔽处而走向公众时，它就消失了；它的原理对我们的举止和行为的影响也不容易保持。我们内心的感受（feelings）、情欲（passions）的激荡、感情（affections）的热烈，驱散了它的全部结论，使深刻的哲学家沦落为十足的俗人。

同样必须承认的是，简单的哲学获得了最持久、最公正（justest）的声誉，而抽象的推理者迄今为止似乎由于其时代的多变或无知只享有一时的名声，却无法在更公正（equitable）的后代面前维持其名声。深刻的哲学家很容易在其精微（subtle）的推理中犯错；当他继续他的推论，并且不会因为任何结论看起来不寻常或与流行意见相矛盾而不接受它时，一个错误必然产生另一个错误。但是，只打算以更优美、更动人的色彩表现人类常识的哲学家，如果偶尔陷入错误之中，就不再前进；而是会再次求助于常识和心灵的自然感情，由此回到正确的道路上来，防止任何危险的幻象（illusions）。西塞罗的名声眼下如日中天；亚里士多德的名声却彻底衰落了；拉布吕耶尔（La Bruyere）漂洋过海，依然保持着他的声誉；马勒伯朗士（Malebranche）的荣耀却只属于他自己的民族、他自己的时代。当洛克完全被遗忘时，人们或许会愉快地阅读爱迪生（Addison）。

纯粹（mere）的哲学家通常几乎不为世人所接受，因为他被认为对社会的利益或快乐没有贡献；他的生活远离与人类的交往，他埋头于同样远离人类理解力（comprehension）的原理和概念之中。另一方面，纯粹的无知者却更受鄙视；在一个科学昌明的时代和国家，没有什么比对那些高尚娱乐毫无兴趣更是粗鄙精神的标记了。最完美的品格应该介于这两个极端之间：对书本、社交和事务保持同等的能力和品位；在谈话中保持高雅文学所产生的那种洞察力和敏感；在事务中保持着由正确（just）哲学自然产生的那种正直和精确。为了传播和培养如此完整（accomplished）的品格，最有用的莫过于文风简单的作品，这些作品从生活中汲取的东西不多，不需要以深切的专注或静思（retreat）来理解，却将研究者送回充满高贵情感和睿智戒律——这些情感和戒律适用于人类生活中的各个紧急关头——的人类中间。通过这些作品，德性变得可亲，科学变得令人愉悦，社交变得富有教益，退隐变得让人愉悦。

人是理性的存在者，因此，他从科学中获取合适的食物和营养；可是，人类理智的范围如此狭窄，以至于在这一点上，无论是他所得知识的范围还是它的可靠性，都无法让人满意。人是社会性（sociable）的存在者，也是理性的存在者；但他既不能总享受愉快和有趣的社交，也不能总保持对知识的兴趣。人还是行动的存在者；而且由于这种性情以及人生的各种需要，他必须屈从于事务和职业；但是，心灵也需要某种放松，不能总保持对操劳和勤奋的忍耐。由此看来，自然已经指出了一种最适合于人类的混合生活，并暗中告诫他们不要让任何一种偏好过分，以免使他们无法从事其他职业和娱乐。她（自然）说，放纵你对科学的热情吧，但要让你的科学是人的（human）科学，是与行动和社会直接相关的科学。我禁止深奥的思想和深刻的研究，并将以如下方式严厉地惩罚它们：它们给你带来忧郁，让你陷入无尽的不确定性之中，你所谓的发现在传播时会受到冷遇。做一个哲学家吧；但是，在你的全部哲学当中，你仍要做一个人。

如果大多数人满足于对简单哲学的喜爱多于抽象而深刻的哲学，但不指责或蔑视后者，那么遵从这一普遍意见，允许每个人不受反对地享有自己的品位和情感，也许并无不妥。但是，由于这件事情常常被推进到甚至绝对拒斥一切深刻推理或通常所谓的"形而上学"的地步，所以我们现在开始考虑可以合理地为他们辩护的理由。

我们首先可以看到，精确而抽象的哲学带来的一个巨大好处，就是它对简单和人文（humane）的哲学有用；没有前者，后者绝不能在其观点（sentiments）、戒律或推理上达到足够精确的程度。一切高雅文学都不过是各种态度和情境下的人生图景；根据它们向我们呈现的对象的性质，它们激发起不同的情感：称赞或指责、钦佩或嘲笑。一位艺术家，如果除了细腻的品位和敏锐的理解力之外，还精确地认识了理智的内部结构和作用、感情（passions）的运作，以及区别善恶的各种情感，那么他一定更有能力在这项事业上成功。无论这种内在的探索或研究显得多费力，对于那些想要成功描述明显和外在的生活现象和习俗的人来说，它在某种程度上都是必要的。解剖学家把最丑陋、最令人厌恶的对象呈现出来；但他的科学甚至对于画家描绘维纳斯（Venus）或海伦（Helen）也是有用的。当画家运用其技艺最丰富的色彩，赋予其人物最优雅动人的神态时，他仍然必须注意人体的内部结构、肌肉的位置、骨骼的构造，以及每个部分或器官的作用和形状。在任何情况下，精确都有利于美，正确的推理都有利于细腻的情感。通过贬低一者来抬高另一者，乃是徒劳的。

此外，在每一种技艺或职业中，甚至是在那些最关乎生活或行为的技艺或职业中，我们都可以看到，精确的精神无论是怎么获得的，都会使它们更接近完美，使它们更符合社会的利益。尽管哲学家的生活可以远离事务，但是，哲学精神（genius）如果得到几个人的精心培养，就必定会逐渐扩散到整个社会，并赋予每一种技艺和职业类似的正确性。政治家将在权力的分割和平衡上获得更大的远见和机敏；律师将在其推理中获得更多的条理性和更精

细的原理；将军将在其训练中更规范，在其计划和
行动中更谨慎。现代政府的稳定性高于古代政府，
它和现代哲学的精确性以类似的渐进方式得到了改
善，而且可能还会继续改善。

就算从这些研究中除了满足天真的好奇心，什
么好处也得不到，这也不应该被蔑视，因为这只是
人类少数几种安全而无害的乐事中的一种。最甜蜜、
最无害的人生道路就在科学和学问的大道上；无论
谁能清除这条道路上的任何障碍，或开辟任何新的
前景，他都应该被视为人类的恩人。尽管这些研究
可能显得费劲、劳心劳力，但这对于一些心灵来说，
就如同对于一些身体一样：它们由于充满活力和身
强体壮，需要严格的训练，并从大多数人看来可能
是繁重而辛苦的工作中获得快乐。的确，昏暗不明
（obscurity）给眼睛和心灵都带来痛苦；但是，从昏
暗不明中带来光明——无论通过何种努力——必定
是令人愉快和高兴的。

但人们反对深刻和抽象哲学的这种昏暗不明，
不仅因为它费劲、劳心劳力，而且因为它是不确定

性和错误的必然根源。的确，对相当一部分形而上学最公正、最有道理的反驳就在于：它们严格说来不是科学，而是要么源于人类虚荣的徒劳努力——他们想要洞察理智完全无法触及的主题，要么源于流行迷信的诡计——这些迷信由于不能在公平的基础上为自己辩护，所以就种植这些缠绕的荆棘来掩盖和保护自己的弱点。这些强盗被逐出开阔的乡村，于是逃入森林，伺机阻断每一条不设防的心灵通道，用宗教的恐惧和偏见来制伏它。即使是最顽强的对手，只要稍稍放松警惕，也会受到压制。而许多人由于怯懦和愚昧，向敌人敞开大门，自愿以尊敬和顺从的态度接受他们作为自己的合法君主。

　　但是，这就是哲学家应该停止此类研究，让迷信继续盘踞在其藏身之地的充分理由吗？难道不应该得出相反的结论，并觉察到把战争引到敌人最隐秘的藏身之所的必要性吗？我们徒劳地希望，人们会因为屡屡失望而最终放弃这些空洞的科学，去发现人类理性的恰当领域。因为，除了许多人发现不断唤起这样的主题太有意思之外，我要说，盲目绝

望的动机在科学中永远不可能有合理的位置；因为
无论前人的尝试被证明多么不成功，我们仍可以去
希望，后代的勤奋、好运或得到改善的洞察力可能
带来前人所不知的发现。每个爱冒险的天才仍将急
迫地想要那个难得的奖品，并发现自己不仅不为前
人的失败所挫败，反而为之所激励。这时他希望，
完成如此艰难的冒险的荣耀只属于他一个人。让学
问立即摆脱这些深奥问题的唯一方法，就是认真研
究人类理智的本性，并通过对其力量和能力的精确
分析，表明它绝不适合于这种遥远而深奥的主题。
我们必须忍受这种辛劳，以便从此自在地生活：我
们必须小心翼翼地培养真正的形而上学，以便消灭
虚假和低劣的形而上学。懒惰为一些人抵御了这种
骗人的哲学，但在其他人那里却为好奇心所战胜；
有些时候占上风的失望，稍后就可能让位于乐观的
希望和期待。精确而正确的推理是唯一的万能良药，
对所有人、所有性情都适用；唯有它能够颠覆那种
深奥的哲学和形而上学的胡话——这种哲学和胡话
由于同流行迷信混在一起，使粗心的推理者在某种

程度上无法洞察流行迷信，并给流行迷信披上科学和智慧的外衣。

除了在谨慎研究后拒斥学问中最不确定、最令人不快的部分这种好处，精确地检查人性的力量和官能还有许多积极的好处。对于心灵的各种活动，值得注意的是，尽管它们最密切地向我们呈现，但每当它们成为反思的对象时，似乎就会陷入昏暗不明之中；眼睛也不能轻易看到辨别和区分它们的边界。这些对象太过精细，不可能长时间保持相同的样貌或状态；它们必须瞬间为一种来自自然，并为习惯和反思所改善的高级洞察力所领悟。因此，仅仅认识心灵的不同活动，将它们彼此区别开来、归类在适当的名目（heads）下，并纠正它们成为反思和研究的对象时所呈现的看似混乱的状态，就成了科学不容忽视的部分。这种安排和区分的工作，如果被实施于外部物体（即我们的感官对象），就没有价值，但如果指向心灵的活动，其价值就会随着我们实施它时所遇到的困难和辛劳而上升。如果我们只是止步于这一心灵地理学（mental geography），或者只能描绘心灵的不同部分和能力，那么走到如此地步至少也是一件乐事；而且，这门科学看起来越明显（它现在决不明显），学问和哲学的觊觎者对它的无知就越显得可鄙。

不能再有这样的想法，即这门科学是不确定的、虚幻的，除非我们抱有那种彻底摧毁一切思辨甚至行动的怀疑主义。我们不能怀疑，心灵被赋予了若干能力和官能，这些能力彼此不同，并且，对于直接的知觉而言是真正明确的东西可以为反思所区分；因此，关于这个主题的一切命题都有真假，而这真假没有超出人类理智的范围。这种明显的区分有很多，例如意志和理智、想象和情感（passions）之间的区分，都在每个人的理解范围之内；而更精细、更哲学的区分同样实在（real）和确定，尽管更难理解。这些研究中的一些成功例子，尤其是晚近的例子，可以让我们对这门学问的确定性和可靠性有一个更恰当的概念。当我们佯装无视那些非常成功地描绘了与我们如此密切相关的心灵各部分的人时，我们是否应该认为，一位哲学家努力为我们提供一个真正的行星系统、校正那些遥远天体的位置和次序是值得的？①

但是，我们难道不希望，得到精心培养、为公众的关注所鼓励的哲学能够将其研究推得更远，并

---

① 我们辨别真假的官能与我们知觉善恶（vice and virtue）的官能，长期以来一直被混淆，而且一切道德（morality）都被认为建立在永恒和不变的关系之上，这些关系对于每一个理智的心灵来说与任何关于量和数的命题一样是不变的。但是，一位已故哲学家用最令人信服的论证教导我们，道德不在事物的抽象本性中，而是完全与每一特殊存在者的情感或心灵品位相关；就像甜和苦、热和冷的区别产生于每个感官或器官的特殊感受一样。因此，道德知觉不应被归属于理智活动，而应被归属于品位或情感。

过去，哲学家们通常把心灵的所有情感（passions）分为两类，即自私的和仁慈的，这两类情感被认为处于持续的相对和对立之中；据认为，后者只有以前者为代价，才能达到其合适目的。在自私的情感中排列着贪婪、野心、报复心；在仁慈的情感中排列着自然的感情（affection）、友谊、公共精神。哲学家们如今可能意识到了这种划分的不合适。已经被毫无争议地证明的是，即使是通常被当作"自私的"那些情感，也使心灵超越自我，直达对象；尽管这些情感的满足会给我们带来快乐，但对这种快乐的期望并不是情感的原因，正相反，情感是先于那种快乐的，并且没有前者，后者就绝不可能存在；严格地说，被称为"仁慈的"那些情感的情形也是如此，因此，一个人追求自己的荣耀时，并不比他希望朋友快乐时更自私；他为公共的善牺牲自己的安逸和安宁时，也不比他为满足贪婪或野心而努力时更无私。因此，这里对情感的界限作了相当大的调整，而以前的哲学家由于疏忽或不精确一直混淆了这些界限。这两个例子足以向我们表明这种哲学的本性和重要性。【1748年和1750年版的脚注。】

至少在某种程度上发现驱使人类心灵活动的秘密源泉和原理吗？长期以来，天文学家一直满足于根据现象证明天体的真实运动、次序和大小：直到最后出现了一位哲学家，他似乎以最巧妙的推理确定了支配和引导行星旋转的法则和力量。对于自然的其他部分的相同工作也已经完成。我们如果以相同的能力和谨慎态度去研究心灵的力量和组织，那么就没有理由对取得同样的成功感到失望。心灵的一个活动和原理很可能依赖于另一个活动和原理；而后者又可能分解为一个更一般、更普遍的活动和原理：至于这些研究能进行到什么程度，在谨慎的试验之前，甚至在此之后，我们都很难作出准确的判断。确实，即使是那些最疏于哲学研究的人，也每天都做着这种尝试，而且，没有什么比全身心地投入这项事业更有必要的了。如果它在人类理智的范围之内，那么人们最终可能会幸运地完成它；然而，如果它不在人类理智的范围之内，那么人们可能会自信和有把握地拒斥它。最后这个结论肯定是不可取的；我们也不应该太草率地接受它。因为在这样的假设下，我们得从这种哲学中减少多少美和价值啊？迄今为止，道德学家在考虑那些激起我们的称赞或厌恶的千差万别的行动时，一直习惯于寻找这些不同情感所依赖的某种共同原理。尽管他们有时由于对某个普遍原理的热情，把这件事情做得太过了，但必须承认，他们期待找到一些普遍原理——所有的善恶都恰当地分解为这些原理——是情有可原的。批评家、逻辑学家，甚至政治家都曾作过类似的努力；他们的尝试也不是完全不成功，尽管也许更长的时间、更大的精确性、更热切的专注会使这些科学更趋完美。立即抛弃所有这类抱负，可能会被认为甚至比曾经试图将其粗暴的命令和原理强加给人类的最大胆、最乐观的哲学还要轻率、鲁莽和独断。

尽管这些关于人性的推理看起来很抽象，难以理解，但那又何妨呢？这并不能推定它们是错误的。恰恰相反，那么多智慧而深刻的哲学家至今都无法理解的东西，似乎不可能是非常明显和简单的。无论这些研究会让我们付出怎样的辛劳，只要我们能以这种方式在如此重要的主题上增加我们的知识储备，我们就可以认为自己在利益和快乐方面都得到了充分的回报。

但是，既然这些思辨的抽象性毕竟不是什么优点，而是它们的缺点，既然这个困难也许可以通过谨慎、技艺以及避免一切不必要的细节来克服，那么在下面的研究中，我们就试图对迄今为止不确定性阻止有智慧的人去研究、昏暗不明阻止无知的人去研究的主题，作某种阐明。如果我们能把深刻研究和明晰性（clearness）、真理和新奇性协调起来，把不同种类哲学的界限统一起来，那我们就是幸运的！如果通过这种简单的推理，我们能够摧毁迄今似乎只用作迷信的庇护所、荒谬和错误的遮羞布的那种深奥哲学的基础，那我们就更幸运了！

第二章
论观念的起源

　　每个人都会欣然承认，当一个人感受到过热的痛苦或适温的快乐，与他事后回忆起这个感觉或通过想象预想它时，心灵的知觉之间存在着相当大的差异。这些官能可以模仿或复制感官知觉；但它们绝不能完全达到源始知觉（sentiment）的力度和鲜活度。我们对于它们——即使它们以最大的活力起作用——至多只能说，它们以如此生动的方式呈现它们的对象，以至于几乎可以说我们感受到或看见了它们的对象：不过，除非心灵因疾病或疯狂而错乱，否则它们绝不能达到如此鲜活的程度，以至于使这些知觉完全不可分辨。诗歌的所有色彩，无论多么绚丽，都无法将自然对象描绘得如同实景。最生动的思想也逊色于最迟钝的感觉。

我们可以看到，类似的区别贯穿于心灵的所有其他知觉。一个正发怒的人被激发的方式，非常不同于仅仅思考那种情绪（emotion）的人。如果你告诉我有人在恋爱，那我很容易理解你的意思，并对他的情况形成一个合适的概念；但决不会误把这概念当作那种激情的真实骚动和鼓动。在反思过去的情感和感情时，我们的思想是一面忠实的镜子，如实地复制着它的对象；但它所使用的色彩与我们源始知觉的那些色彩相比，是微弱和暗淡的。无需敏锐的洞察力或形而上学的头脑就可以注意到它们之间的区别。

因此，我们可以把心灵的全部知觉划分为两类或两种，它们由于其不同的力度和鲜活程度而被区别开来。力度和鲜活程度较低的通常被称为"思想"或"观念"（ideas）。另一种在我们的语言和大多数其他语言中都没有名称。我认为，这是因为把它们排列在一个普遍名词或名称之下，对于哲学目的之外的任何目的来说都是不必要的。因此，让我们稍微自由一点，把它们称为"印象"（impressions）；这个词在这里的意义稍微不同于它的通常意义。因此，我所说的"印象"，是指当我们听、看、触（feel）、爱、恨、欲求或意愿时的所有较生动的知觉。印象不同于观念——观念是我们在反思上述任何一种感觉或活动时所意识到的较不生动的知觉。

乍一看，似乎没有什么比人的思想更无拘无束了，它不仅摆脱了人类的所有力量和权威，而且甚至不为自然和实在（reality）的范围所限制。想象在形成怪物、组合不协调的形状和现象时，并不比设想最自然、最熟悉的对象更费事。当身体在一颗行星上痛苦而艰难地匍匐前进时；思想却能瞬间把我们带到宇宙最遥远的地方；甚至超越宇宙，进入无边无际的混沌之中——在那里自然被认为处于完全的混乱之中。从未见过或听过的东西也可以被设想；除了蕴含着绝对矛盾的东西，没有什么超出了思想的能力。

尽管我们的思想似乎拥有这种无拘无束的自由，但在更切近的检查之后我们会发现，它实际上被限制在非常狭窄的范围内，而且心灵的这种创造力，只不过是复合、调换、增加或减少感官和经验提供给我们的材料的官能。当我们想到一座金山时，我们只是把金子和山这两个以前所熟悉的、相容的观念结合起来。我们可以设想一匹有德性的马，因为我们可以根据自己的感受设想德性，我们可以把这和马（马是我们熟悉的动物）的形体、形状结合起来。总之，所有的思想材料要么来自我们的外部知觉（sentiment），要么来自我们的内部知觉：这些知觉的混合和组合则只属于心灵和意志。或者用哲学的语言来表述，我们的一切观念或更微弱知觉都是对我们的印象或者更生动知觉的复制。

要证明这一点，我希望如下两个论证就足够了。第一，当我们分析我们的思想或观念时，不论它们多么复杂或崇高，我们总会发现，它们将分解为一些简单观念，这些简单观念复制于先前的感受或知觉（sentiment）。即使是那些乍一看似乎最远离这一来源的观念，经过更切近的检查之后也被发现源于它。上帝是指一个无限理智的、智慧的和善的存在（Being），上帝的观念就产生于我们对自己心灵活动的反思，以及对那些善和智慧品质的无限放大。可以将这一研究推进到我们乐意的程度，在那里总会发现，我们所考察的每一个观念都复制于一个相似的印象。那些主张这个立场并不普遍为真、并非没有例外的人，只有一个反驳方法，而且是非常简单的反驳方法，那就是拿出他们认为不是产生于这一来源的观念来。如果我们要坚持我们的学说，那么我们就有责任拿出与它相应的印象或生动知觉来。

第二，如果一个人碰巧由于感官的缺陷不能有任何种类的感觉，那么我们总是发现，他也同样不能有相应的观念。盲人不能形成颜色的概念（notion），聋子不能形成声音的概念。让他们中的任何一个恢复他有缺陷的那个感官，由于为他的感觉打开了这个新的入口，你也为观念打开了一个入口，他在设想这些对象时没发现任何困难。如果那个器官从未被实施适合于激起任何感觉的对象，那么情况也是一样。拉普兰人（Laplander）或黑人对于酒的味道没有概念。尽管心灵中很少或根本没有相似缺陷的例子，即一个人从未感受过或者完全不具有一种属于他这个物种的情感或感情（passion）的例子，但我们发现相同的观察在更低的程度上发生。一个举止温和的人不会形成顽固的报复或者残忍的观念；一颗自私的心（heart）不容易设想极致的友谊和慷慨。人们很容易承认，其他存在者可能拥有我们不能对之形成概念的许多感官；因为它们的观念从未通过观念进入心灵的唯一方式，即切实的感受和感觉，传入我们之中。

然而，有一个相反的现象可以证明，观念并非绝对不可能独立于相应的印象而产生。我相信人们很容易承认，由眼睛引入的若干不同的颜色观念，或者由耳朵传入的若干不同的声音观念，实际上彼此不同；尽管它们同时也是相似的。既然这适合于不同的颜色，那么这也一定同样适合于同一种颜色的不同色调；而且每一种色调都产生了独立于其余色调的明确观念。因为如果这被否认，那么就有可能通过色调的不断渐变，让一种颜色不知不觉地变成与它差别最大的颜色；如果你不承认任何居间者是不同的，那么你就只能荒谬地肯定两极相同。因此，假设一个人三十年来一直有视力，对各种颜色都十分熟悉，只除了——比如——一种特殊的蓝色他从未有幸遇见过。让那种颜色的所有不同色调——只除了那个单一色调——从最深逐渐下降到最浅排列在他眼前；显然，他将在缺少那个色调的地方知觉到一个空白，并意识到在那个地方相邻的颜色之间的差异，比任何其他地方相邻颜色之间的差异都要大。现在我要问的是，他能否凭借自己的想象弥补这个缺陷，向自己唤起那个特殊色调的观念——尽管他的感官从未把它传递给他？我相信很少有人会不认为他能做到：而这可以证明，简单观念并不总是源于相应的印象；但这个例子十分罕见，几乎不值得我们注意，也不值得我们单单为它而改变我们的普遍原则（maxim）。

于是，这里就有一个命题，它不仅本身看起来简单而可理解；而且，如果对它加以适当的利用，那么它可以使每一个争论都变得同样可理解，并把长期占据形而上学推理并使它们蒙羞的妄语一扫而光。所有观念，尤其是抽象观念，自然是微弱而模糊不清的：心灵只是轻微地把握它们，它们很容易与其他相似观念相混淆；任何术语，当我们经常使用它时，尽管没有明确的意义，我们也容易想象有一个确定的观念附着于它。相反，一切印象，即一切感觉，无论是外在的还是内在的，都是强烈和生动的：它们之间的界限得到了更精确的划定，在涉及它们时也不容易陷入任何错误或谬误。因此，当我们怀疑一个哲学术语被使用却没有任何意义或观念（这太常见了）时，我们只需追问：那个所谓的观念产生于什么印象？如果不可能给出任何印象，那这就有助于确证我们的怀疑。我们可以合理地期望，如此清楚地揭示观念，可以消除在它们的本性和实在性方面可能出现的所有争论。①

---

① 有些人否认先天（innate）观念，他们的意思很可能不外乎是说，一切观念都是我们印象的摹本；但必须承认，他们在选择使用的术语时并不谨慎，也没有精确地定义它们，从而导致了他们的学说的一些错误。因为"先天的"是什么意思？如果"先天的"等同于"自然的"，那么，不论我们在何种意义上理解"先天的"一词，不论是与"不平常的""人为的"还是与"神奇的"相对，心灵的一切知觉和观念都应该被认为是先天的或自然的。如果"先天的"是指与我们出生同时，那么这个争论就显得毫无意义；也不值得去探究思想（thinking）是什么时候开始的，是在我们出生之前、出生之时还是出生之后。而且，洛克等人似乎通常在非常宽泛的意义上理解"观念"一词；用来指我们的任何知觉、感觉和情感（passions）以及思想。如今在这个意义上，我想知道，断言自爱、对伤害的怨恨、两性之间的激情不是先天的，是什么意思？

可是，如果在上面解释的意义上接受"印象"和"观念"这两个词，并把"先天的"理解为源始的或不从先前的知觉复制而来的东西，那么我们就可以断言，我们的一切印象都是先天的，而我们的观念都不是先天的。

坦率地说，我必须承认，在我看来，是经院哲学家们把洛克引入这个问题的，他们使用未被定义的术语，将他们的争论拖得冗长之味，却从未触及问题的要害。类似的含混和绕圈子似乎贯穿于那位哲学家关于这个以及大多数其他主题的推理。

第三章
论观念的联结

　　显而易见，在心灵的不同思想或观念之间存在着联结（connexion）原理，而且，在它们向记忆或想象呈现时，它们都以某种程度的条理性和规律性相互引入。在我们较为严肃的思想或交谈中，这一点如此明显，以至于任何的特殊思想，只要打断有规律的观念序列，就会立即被注意到，并遭到摒弃。即使在我们最荒诞、最飘忽不定的奇想中，甚至在我们的梦境中，我们如果反思一下，就会发现，想象并非完全随意运行，而是在相互接续的不同观念中仍然保持着联结。我们如果把最松散、最自由的谈话记录下来，那么就会立刻发现有某样东西在其全部转换中将它联结起来。否则如果没有这东西，打断谈话思路的人可能还会告诉你，一个思想接续秘密地萦绕在他心灵中，逐渐将他从那个话题引开。在不同的语言中，即使我们不能怀疑它们之间有丝毫的联系或交流，我们也会发现，那些表达最复杂观念的词语，几乎还是相互对应的：这无疑证明，复杂观念中所包含的简单观念，是由某个对全人类具有同等影响的普遍原理结合在一起的。

虽然不同的观念被联结在一起的事实太明显，因而逃不出我们的观察；但我发现没有任何哲学家试图对所有联结原理进行列举或分类；然而，这似乎是一个值得好奇的主题。在我看来，观念间的联结原理似乎只有三种，即相似关系、时间或空间的接近（contiguity）关系以及因果关系。

这些原理有助于联结观念，我相信这是不会有什么疑问的。一幅画自然地将我们的思想引向它的原型（original）①；提及一座建筑中的一个房间，自

_____

① 相似关系。

然地引起对其他房间的询问或谈论 ①；想到一个伤口，我们会不由自主地反思随之而来的疼痛 ②。不过，要向读者乃至一个人以他自己满意的方式证明，这列举是完全的，并且除了这些原理之外没有其他联结原理，是困难的。在这种情况下，我们所能做的，就是举出几个例子，仔细考察将不同的思想结合在一起的原理，直到我们使这原理尽可能地普遍为止。我们考察的例子越多，考察得越仔细，我们就越能确信，我们从整体上所形成的列举是完全的、完整的。我们不纠缠于那种会引出许多无用的精微之物（subtleties）的细节，而是要考虑这种联结对于情感（passions）和想象的一些作用。在这里，我们可以开辟一个比其他领域更有趣，也许更有启发性的思辨领域。

　　既然人是理性的存在者，并不断地追求幸福——他希望通过满足某种情感（passion）或感情（affection）来获得这种幸福，因此，他很少无目的、

---

① 接近关系。
② 因果关系。

无意图地行动、说话或思考。他总是要考虑某个目标，并且无论他为达到目的而选择的手段有时有多不合适，他都不会忘记目的；他也不会放弃自己的思考或反思，尽管他并不希望从它们中获得某种满足。

因此，在所有天才的作品中，作者都必须有一定的计划或目标；尽管他可能会因为思想的激荡而仓促放弃这个计划，比如在颂歌中；或者不小心遗漏了它，比如在书信或散文中。但在他最初的规划中（如果不是在整部作品的创作中），必定会显示出一定的目的或意图。没有设计的作品更像是疯子的胡言乱语，而不是天才和学问的冷静成就。

由于这规则不允许有例外，因此，在叙事性作品中，作者所叙述的事件或行为必须为某种联结或纽带结合在一起：它们必须在想象中相互关联，并形成一种统一——这种统一可以把它们置于一个计划或目标（view）之下，并且可能是作者初期工作的目标或目的。

构成诗歌或历史主题的若干事件之间的这种联结原理，可能会由于诗人或历史学家的不同规划而迥然不同。奥维德（Ovid）基于相似的联结原理制定了他的计划。由诸神的神奇力量所制造的每一个神奇转折，都在他的创作范围之内。在任何情况下，他都只需这一条件来把它置于他的原初计划或意图之下。

编年史作家或历史学家在撰写任何一个世纪的欧洲历史时，都会受到时间和空间的接近这一联结原理的影响。在那部分空间、那段时间所发生的所有事件都被包含在他的规划中，尽管它们在其他方面是不同的、不相联结的。但它们在其所有的差异性中仍保持着一种统一性。

但是，在任何叙事作品中，不同事件之间最常见的联结是因果联结；而历史学家则根据行为的自然次序对它们进行追溯，上溯至它们的隐秘源泉和原理，并描述它们最遥远的后果。他选择构成人类历史的那个重大事件系列中的某一部分作为主题：在叙述中，他努力触及这个系列中的每一个环节；有时，不可避免的无知使他的所有尝试毫无成效；有时，他通过猜测来弥补知识的不足；并且，他总是明白，他展现给读者的事件系列越是不间断，他的作品就越完美。他看到，对原因的认识不仅是最让人满意的，因为这种联系或联结是所有联系或联结中最牢固的；而且最具有启发性，因为只有这种知识能够让我们控制事件，统治未来。

因此，这里我们可以获得某个行动统一性的概念——继亚里士多德之后，所有批评家都对这种行动的统一性津津乐道：也许，这并没有什么用处，因为他们并没有用哲学的精确性来指导他们的品位或情感。看来，在所有作品中，以及在史诗和悲剧中，都需要某种统一性，而且，如果我们要创作一部将给人类带来持久娱乐的作品，那么在任何情况下，都不能让我们的思想随意运行。也可以看出，即使是撰写阿喀琉斯（Achilles）生平的传记作家，也要通过表明事件的相互依赖关系来联结它们，就像把这位英雄的愤怒作为他的叙述主题的诗人一样。① 一个人的行为不仅在生命的任何有限部分内相

①　与亚里士多德相反，"情节的统一并不像有些人认为的那样，在于它以一个人作为它的主题。无限的事情降临在那个人身上，其中一些事情不可能归于统一；同样，一个人的许多行为也不能成为一个行为"。【亚里士多德，《诗学》，1451a5—19。】

互依赖，而且在他从摇篮到坟墓的整个生命期间也是如此；在这有规则的系列中，砍掉一个环节（不管多细微）而不影响随后发生的整个事件系列是不可能的。因此，在传记或历史中所发现的行动统一性与史诗的行动统一性不同——不是种类上的不同，而是程度上的不同。在史诗中，事件之间的联结更密切、更明显；叙述持续的时间没有那么长；而人物角色（actors）则集中于满足读者好奇心的某个非凡时期。史诗诗人的这种行为取决于创作时想象和情感（passions）的特殊状况。与历史、传记或者任何局限于严格的真实性和实在性的叙述相比，史诗的作者和读者的想象更活跃，情感也更热烈。让我们考虑一下这两个条件（活跃的想象和热烈的情感）的结果，这两个条件属于诗歌，尤其是高于任何其他作品的史诗；让我们研究一下，为什么它们在故事（fable）中需要更严格、更紧密的统一。

首先，所有的诗歌由于是一种绘画，因此比任何其他种类的叙述都要让我们贴近对象，更有力地阐明对象，并更清晰地勾勒一些细微情节——这些细微情节虽然对于历史学家来说是多余的，却极有力地活跃了意象（imagery），取悦了想象（fancy）。如果没有必要像《伊利亚特》那样，在主人公每次系鞋带、系吊袜带时都告知我们，那也许就有必要比《亨利阿德》(Henriade) 更详细地叙述；在《亨利阿德》中，事件发生得如此之快，以至于我们几乎没有闲暇去熟悉场景或情节（action）。因此，如果一位诗人要把任何大范围的时间或事件系列包含在他的主题中，并追溯赫克托耳（Hector）之死的远因，如海伦的被劫或对帕里斯（Paris）的审判，那他就必须把他的诗拉长到不可估量的地步，以便用恰如其分的绘画和意象来填满这幅巨大画布。被这一系列的诗意描述所激起的读者想象，以及对人物角色的持续同情所激起的读者情感，必定早在叙述阶段之前就衰退了，并由于相同行动的反复抵触而陷入倦怠和厌恶之中。

其次，如果我们考虑从更突出、更罕见的情感的属性中抽绎出的另一个理由，那么史诗诗人不能把原因追溯到很远的地方，这一点将变得更明显。

第三章
论观念的联结

显然，在一部合适的作品中，它描述和表现的不同事件所激发的所有感情（affections）会相互增强；并且，当英雄们都参与了一个共同的场景，而每个情节都与整体有力地联结起来时，人们的关注就会被持续唤起，而情感则轻易地从一对象过渡到另一对象。事件之间的有力联结有助于思想或想象从一对象过渡到另一对象，也有助于情感的传递，并且让感情保持在相同的路线和方向上。我们对夏娃的同情和关心为我们对亚当的同情铺平了道路：这种感情在传递中几乎完全保留了下来；而心灵立即抓住与之前引起它注意的对象有力联结起来的新对象。但是，如果诗人完全偏离他的主题，引入一个与角色毫不相关的新角色，那么感受到传递中断的想象就会冷淡地进入新的场景，并缓慢地激动起来；在回归诗歌主题时，它可以说是行走在异国他乡，并重新激发它的关注，以便支持主要的人物角色。当诗人将事件追溯得太远，并把虽不是完全分开，但也不具备促进情感的传递所需要的那种有力联结的情节结合起来时，同样的不便也会在较小的程度上随之而来。于是就出现了在《奥德赛》(*Odyssey*)和《埃涅阿斯纪》(*Aeneid*)中所采用的间接叙事手法；在那里，主人公最初是在他的阴谋前后被引入的，然后可以说是以透视的方法向我们展示更遥远的事件和原因。通过这种方式，读者的好奇心立即被激发；事件迅速相接，并非常紧密地联结起来；关注度仍保持着活力，并且由于对象之间的接近关系，关注度从叙述的开头到结尾不断增长。

在戏剧诗中也有同样的规则；在常规的作品中，决不允许引入一个与故事的主要人物没有关系或关系不大的角色。观众的关注不能被任何为其余场景所分开、所分离的场景所转移。否则就中断了情感的过渡，阻碍了若干感情（emotions）的传递——通过这种传递，一场景为另一场景增添力量，把它所激起的怜悯和恐惧注入接下来的每一场景，直到整体产生戏剧所特有的那种快节奏。突然对新的情节和人物——它们与过去的情节和人物毫不相关——感兴趣；由于观念联结的这种断裂，在情感的过渡中发现了如此明显的中断和空白；不把对一个情节产生的同情带到下一个情节，而是不得不时刻激起新的关注，并参与新的情节之中；这些做法会怎样熄灭这种热烈的感情啊？

回到历史和史诗的比较上来，我们可以从前面的推理中得出结论：由于所有作品都需要一定的统一性，因此历史作品比任何其他作品都更需要统一性；在历史中，若干事件之间的联结——这种联结将它们连成一体——是因果关系，这与史诗中的因果关系相同；而在史诗中，由于必定为诗人的叙述所触及的生动想象和强烈情感，这种联结只会更紧密、更明显。伯罗奔尼撒战争是历史的合适主题，围攻雅典是史诗的合适主题，阿尔基比亚德（Alcibiades）之死则是悲剧的合适主题。

因此，既然历史和史诗之间的区别仅仅在于把构成它们主题的若干事件结合起来的联结程度，那么要用文字来准确地确定把它们彼此分开的界限，即使不是不可能，也是很困难的。这与其说是推理的问题，不如说是品位的问题；也许，这种统一性往往可能在乍一看、从抽象考虑的角度看我们最不应该期望从中找到它的主题中被发现。

显然，荷马在叙述的过程中超出了他的主题的第一个命题；造成赫克托耳之死的阿喀琉斯的愤怒不同于给希腊人带来如此多灾难的愤怒。但这两种行动之间的有力联结，从一种行动到另一种行动的迅速转移，国君之间和睦与不和睦的结果之间的对比①，以及我们对观看阿喀琉斯在长时间的休息之后投入战斗的自然好奇心，所有这些原因感染着读者，并产生主题的充分统一性。

有人可能会反对弥尔顿（Milton），认为他把原因追溯得太远了，而且从天使的反叛到人的堕落中间所经历的事件系列既非常冗长又非常随意。更不用说，他详细叙述的世界创造，既不是那个灾难的原因，也不是法萨利亚（Pharsalia）战争或任何其他已经发生了的事件的原因。但是，如果我们从另

---

① 对比或对立是观念间的联结，这种联结或许可以被看作因果关系和相似关系的混合。当两个对象相反时，一对象摧毁另一对象，也就是说，前者是后者消灭的原因，并且，一个对象消灭的观念蕴含着它之前的存在的观念。【该脚注稍作修改后保留在1777年版中，附在倒数第二句末尾（"可能"之后）。】

一方面考虑到，所有这些事件，即天使的反叛、世界的创造和人的堕落，都是神奇的、脱离了自然通常进程的，因而彼此相似；它们在时间上应该是接近的；它们脱离了所有其他事件，并且是启示所揭示的唯一源始事实，因此它们一下子就吸引了人们的眼球，并自然地在思想或想象中被相互唤起：我说，如果我们考虑到所有这些条件，那么我们会发现，情节的这些部分所具有的充分统一性，使它们被包含在一个故事或叙述当中。对此，我们还可以补充说，天使的反叛和人的堕落有一种特殊的相似性——它们彼此对应，并向读者展示了相同的道德，即对我们造物主的服从。

我把这些零散的线索拼凑在一起，是为了激发哲学家们的好奇心，并至少引起一种怀疑（如果不是一种充分的信念的话），即这个主题是非常富饶的，并且心灵的许多活动都依赖于这里所解释的观念联结或结合。尤其是情感和想象之间的共鸣（sympathy），也许会显得引人注目；我们观察到，由一对象所激起的感情（affections），很容易转移到与之联结的另一对象上，但很难在没有被联结起来的不同对象之间传递。由于把彼此不相关的人物和情节引入任何作品，不谨慎的作者失去了感情（emotions）的传递——他唯有通过此传递才能够引起内心（heart）的兴趣，并把情感提升到合适的高度和阶段。对这个原理及其所有结果的全面解释，会使我们陷入对于本研究来说太过深奥、太过繁琐的推理之中。目前，我们只需确定这一结论，即一切观念的三种联结原理是相似关系、接近关系和因果关系。

第四章
怀疑派对理智活动的怀疑

第一节

人类理性或研究的一切对象可以自然地分为
两类，即观念的关系（Relations of Ideas）和事实
（Matters of Fact）。第一类是几何学、代数、算术；
简言之，是每一个具有直观或理证（denconstrative）
的确定性的断言（affirmation）。命题"斜边的平方
等于两直角边的平方和"表达了这些图形之间的关
系。"三乘以五等于三十的一半"表达了这些数之间
的关系。这类命题仅凭单纯的思想活动就可以发现，

而不依赖于宇宙中任何地方存在的事物。就算自然中从未出现过一个圆或三角形，欧几里得（Euclid）所理证的真理也会永远保持其确定性和清晰性（evidence）。

事实作为人类理性的另一对象，并不是以相同的方式来确定的；我们对于其真理性的证据不管多重大，也不具有与前述证据相同的本性。每一事实的反面仍是可能的；因为它绝不蕴含矛盾，而是被心灵同样便利和清楚地设想，仿佛它总是与实在非常相符。命题"太阳明天不会升起"并不比断言"太阳明天会升起"更不可理解，也不比它蕴含着更多的矛盾。因此，我们试图理证它的假，乃是徒劳的。如果它理证上为假，那么它就会蕴含矛盾，而且绝不能被心灵清楚地设想。

因此，探究使我们超越感官的当下证据（testimony）或者记忆的记录而确信任何实在的存在和事实的那种证据（evidence）的本性是什么，可能是一个值得好奇的主题。可以看到，无论是古人还是现代人，都很少培养这部分哲学；因此，在进行如此重要的探究时，我们的怀疑和错误可能更可原谅；因为我们是在没有任何引导或指引的情况下，在如此艰难的道路上前行。它们甚至可能被证明是有用的，因为它们激发好奇心，并摧毁毁坏一切推理和自由研究的绝对信仰和确信。我想，发现普通哲学中的缺陷（如果有的话），不会让我们灰心，反而会像往常一样激励我们去尝试一件比迄今为止向公众提出的事情更全面、更令人满意的事情。

一切关于事实的推理似乎都建立在因果关系之上。只有通过这种关系，我们才能超越记忆和感官的证据。如果你问一个人，他为什么相信任何未出现的事实：比如，他的朋友在乡下或法国，他就会给你一个理由，而这个理由会是某个个别的事实，比如他寄来的一封信，或者对他之前的决心和承诺的了解。如果一个人在荒岛上发现了一块手表或任何其他器械，他就会得出结论说，这个岛上曾经有过人。我们关于事实的所有推理都具有相同的本性。在这里，人们始终假设，当下的事实和由它推论出的事实之间存在着某种联结。如果没有任何东西将它们结合在一起，那么这种推论就会是完全靠不住的。在黑暗中听到清晰的声音和理性的谈话，就能让我们确信有人在场：为什么？因为这些都是人类的组织结构的产物，并且与人类的组织结构密切联结。如果我们剖析所有其他具有这种本性的推理，那么我们会发现它们都建立在因果关系之上，而且这种关系或近或远，或是直接的或是附带的。热和光是火的附带结果，而且其中一个结果可以合理地从另一个结果中推论出来。

因此，如果我们想弄清使我们确信事实的那种证据的本性，那就必须探究我们是如何获得关于因果关系的知识的。

我将大胆断言一个不容许有例外的普遍命题：这种关系的知识在任何情况下都不是通过先验的（*a priori*）推理获得的；而是当我们发现任何特定对象恒常地相互会合（conjoin）时，完全来自我们的经验。让一个对象向一个在自然的理性和能力方面都非常强大的人呈现；如果这个对象对他来说是全新的，那么他将无法通过对其可感性质的最精确检查来找到它的任何原因或结果。尽管人们假设亚当的理性官能一开始是完美无缺的，但他也不能从水的流动性和透明性中推论出水会使他窒息，或从火的光和热中推论出火会吞噬他。从来没有哪个对象通过向感官呈现的性质，来揭示产生它的原因或产生于它的结果；我们的理性也不能在没有经验帮助的情况下，得出任何关于实在的存在和事实的推论。

对于我们记得曾经完全不了解的对象，我们很容易接受这样的命题，即原因和结果不是靠理性而是靠经验来发现的；因为我们一定会意识到，那时我们完全没有能力预知它们会产生什么结果。把两块光滑的大理石展示给一个毫无自然哲学知识的人，他绝不会发现它们会以这样一种方式黏合在一起：将它们笔直分开需要很大的力气，而它们对侧向压力的阻力却非常小。这样的事件由于与自然的通常进程不大相似，人们也很容易承认它们只为经验所认识；也没有人想象火药的爆炸、磁石的吸引力可以为先验论证所发现。同样，当一个结果被认为依赖于诸部分的复杂机制或秘密结构时，我们毫不费

力地将我们对它的所有认识都归于经验。谁会断言
他能给出终极理由，说明为什么牛奶或面包是人，
而不是狮子或老虎的合适营养呢？

但是，在涉及我们第一次出现在这个世界上就
熟悉的、与整个的自然进程非常相似并被认为依赖
于（没有各部分的任何秘密结构的）对象的简单性
质的事件时，上述真理乍一看似乎并不具有相同的
证据。我们很容易想象，我们可以在没有经验的情
况下仅凭我们的理性活动发现这些结果。我们想象，
如果我们突然被带到这个世界上来，那么我们一开
始就可以推论出，一个台球在冲撞之下会把运动传
递给另一个台球；而且我们不需要等待这事件发生，
就能对它作出确定的判断。习惯（custom）的影响就
是这样，在它最强大的地方，它不仅掩盖了我们自
然的无知，甚至还隐藏了自己，就好像它没有发生，
只因为它是最现成的。

但是，要使我们相信，一切自然法则、一切物
体活动毫无例外都只为经验所认识，那么下面的反
思也许就足够了。如果有任何对象呈现给我们，而

且我们只能在不参考以往观察的情况下对其产生的
结果作出判断；那么我请问你，心灵必须以何种方
式进行这个活动呢？它必须捏造（invent）或者想象
某事件——它将该事件归于作为其结果的那个对象；
而这捏造显然必定是完全任意的。心灵绝不能通过
最精确的审查和检查在假定的原因中找到结果。因
为结果完全不同于原因，因而绝不能在原因中被发
现。第二个台球的运动是非常不同于第一个台球的
运动的；一个台球的运动中也没有任何迹象能表明
另一个台球的运动。一块石头或金属上升到空中，
没有任何支撑物，就会立即坠落：但是，先验地考
虑这件事，在这种情况下，我们有没有发现什么东
西可以产生这块石头或金属向下运动，而不是向上
运动或任何其他运动的观念？

并且，正如在我们不参考经验时，对一切自然
活动中的一个特定结果的最初想象和捏造是任意
的；同样，我们也必须认为原因和结果之间的那种
假定的纽带或联结——这种纽带或联结把它们结合
起来，并使任何其他结果都不可能从那原因的活动

中产生——是任意的。例如，我看到一个台球沿直线向另一个台球移动，就算假设第二个台球的运动作为它们接触或撞击的结果是我偶然想到的，难道我不能设想上百种不同事件也从那个原因中来吗？这两个球不可以保持绝对静止吗？第一个球不可以沿直线返回，或者沿任何直线或者方向从第二个球那里跳开吗？所有这些假设都是一致的、可设想的。那么，我们为什么偏爱一个并不比其余假设更一致、更可设想的假设呢？我们所有的先验推理都无法为这种偏好提供任何依据。

总之，每个结果都是不同于其原因的事件。因此，它不能在原因中被发现，而对它最初的先验捏造或设想，一定是完全任意的。即使在它被提出之后，它与原因的会合也必定显得同样任意；因为总是有许多其他的结果——它们对于理性而言，必定完全显得是同等一致和自然的。因此，我们妄图不借助于观察和经验就确定任何单一事件，或推论任何原因或结果，是徒劳的。

由此我们可以发现，为什么理性和节制的哲学家从不妄图指出任何自然活动的终极原因，或者清楚地展示在宇宙中产生任何单一结果的力量的作用。人们承认，人类理性的最大努力，就是通过基于类比、经验和观察的推理，把造成自然现象的原理还原为更简单的原理，并将许多特殊结果分解为少数几个一般原因。但对于这些一般原因，我们试图发现它们是徒劳的；我们也永远无法通过对它们的任何具体解释来让自己满意。这些终极的源动力和原理将人类的好奇和研究完全拒之门外。弹力、引力、各部分的凝聚力、由冲撞引起的运动传递，这些可能就是我们将会在自然中发现的终极原因和原理；如果借助于精确的研究和推理，我们能够从特殊现象追溯到或接近于这些一般原理，那么我们就可以认为自己足够幸运了。最完美的自然哲学也只是稍稍延缓我们的无知：就像最完美的道德哲学或形而上学哲学也许只能发现我们更多的无知。因此，觉察到人类的盲目和脆弱，是一切哲学的结果，它处处与我们相遇，尽管我们竭力躲避或回避它。

几何学——当它被用来帮助自然哲学时——

也无法通过它为人称道的精确推理来弥补这个缺陷，或引导我们认识终极原因。混合数学的每个部分都基于这样的假设，即自然在其活动中建立了某些法则（laws）；抽象推理要么被用来帮助经验发现这些法则，要么被用来确定它们在特殊情况下的作用——此时它们的作用依赖于任何精确程度的距离和量。比如，通过经验发现的一个运动法则是：任何运动物体的力矩或力与它的固体含量和速度成复合比例或比率；因此，一个微小的力就可以移走最大的障碍物，或举起最大的重量，只要我们能够用任何装置或机械提高那个力的速度，使它胜过它的对抗者。几何学帮助我们应用这一法则，为我们提供了可以构成任何种类的机器的所有部分和图形的正确尺寸；但是，这个法则本身的发现仍然仅仅是由于经验，而这世界的所有抽象推理都绝不能引导我们朝着对它的认识迈出一步。当我们先验地推理，不依赖任何观察，仅仅考虑呈现于心灵的任何对象或原因时，它绝不能向我们暗示任何不同对象——比如它的结果——的概念；更不会向我们展示它们

之间不可分割、不可破坏的联结。事先并不知晓冷
热的作用却能够借助推理发现晶体是热的结果、冰
是冷的结果的人，一定是非常聪慧的。

第二节

但是，对于最初提出的问题，我们还没有取得
任何让人勉强满意的结果。每一个解答都会引发与
前述问题同样困难的新问题，并把我们引向更远的
研究。当被问及"我们关于事实的所有推理的本性
是什么"时，合适的回答似乎是：它们都建立在因
果关系之上。当再次被问及"我们关于那种关系的
所有推理和结论的根据是什么"时，对此可以用一
个词来回答：经验。但是，如果我们仍然保持我们
寻根究底的脾性，并问道："从经验来的所有结论的
根据是什么？"那么这就意味着一个可能更难解答
和解释的新问题。哲学家们摆出智慧超群、自负的
样子，当他们遇到生性好问的人时，他们就会陷入
困境，那些人会把他们从躲藏的每个角落里赶出来，

最后一定会把他们带入某种危险的两难境地。防止这种混乱的最好办法就是在我们的抱负中保持节制；甚至在困难向我们显示之前，就自己发现它。这样，我们就可以以我们的无知自居。

在这一章中，我将满足于一项简单的任务，只求对这里提出的问题给出一个否定性回答。而且，我要说，即使在我们有了因果作用的经验之后，我们从那经验得出的结论也不是建立在推理或任何理智过程之上的。我们必须努力解释和捍卫这个回答。

当然，我们必须承认，自然已经将我们远远地挡在她的全部秘密之外，只为我们提供了对象的一些表面性质的知识；而她却对我们隐瞒了这些对象的作用完全依赖的那些力量和原理。我们的感官能告诉我们面包的颜色、重量和坚实度；但感官和理性都无法告诉我们使它适合于滋养和供养人体的那些性质。视觉和触觉可以传达物体实际运动的观念；但是，对于让运动物体持续改变位置，物体绝不会失去而只会传递给其他物体的那种神奇的力量或能力，我们无法形成哪怕是最疏远的概念。尽管我们对自然的力量① 和原理如此无知，但在看到相似的可感性质时，我们总是推测它们具有相似的秘密力量，并期待它们将产生与我们所经验的结果相似的结果。如果一个具有与我们以前吃过的面包相似的颜色和坚实度的物体向我们呈现，那么我们会毫不犹豫地重复这个实验，并有把握地预见到它有相似的滋养和供养作用。现在，这是一个心灵或思想的过程，我很乐意知道其基础。人们在各方面都承认，在可感性质和秘密力量之间不存在已知的联结；因而，心灵不会因为对它们的本性有所认识而得出关于它们的恒常和有规则的会合的结论。至于过去的经验，可以说它只提供了属于其认知范围的恰好那些对象和那个时间段的直接而确定的信息：但是，这个经验为什么要扩展到未来，扩展到或许只是表面相似的其他对象，这就是我要穷追不舍的主要问题。我

---

① 在这里，"力量"（power）一词是在不严谨和通俗的意义上使用的。对它的更精确解释会给这个论证带来更多的证据。参见第七章。【1750 年补充的脚注。】

以前吃的面包滋养了我；也就是说，具有那样的可感性质的一个物体那时具有那样的秘密力量。但这是否意味着，其他面包在别的时候也会滋养我，而相似的可感性质也会始终伴随着相似的秘密力量？这个推论似乎绝不必然。至少人们必须承认，在这里，心灵作出了一个推论，向前迈了一步，但这个思想过程和推论需要解释。这两个命题——"我发现这样一个对象总是伴随着这样一个结果"和"我预见到，看起来相似的其他对象将伴随着相似的结果"——远非同一。如果你愿意，我将承认，一个命题可以正当地从另一个命题中推论出来：事实上，我知道它总是被推论出来。但是，如果你坚持说这个推论是通过一系列推理作出的，那么我请求你把那个推理拿出来。这两个命题之间的联结不是直观的。如果这样一个推论确实是通过推理和论证作出的，那么这里就需要一个使心灵能够作出这个推论的媒介（medium）。我必须承认，我无法理解这个媒介到底是什么；而那些断言它确实存在并且是我们关于事实的所有结论的根源的人，有责任把它拿出来。

随着时间的推移，只要许多敏锐而有能力的哲学家把他们的研究转移到这条道路上来，并且没有人能够发现任何联结命题或居间步骤来支持这个推论中的理智，这种否定性论证就肯定会变得完全令人信服。但是，由于这个问题还是一个新问题，任何读者都不能过于相信自己的洞察力，不能因为某个论证逃脱了他的研究，就断定它实际上不存在。为此，我们可能需要冒险完成一项更艰巨的任务，并且通过列举人类知识的所有分支来努力证明没有一个分支能够提供这样的论证。

一切推理都可以分为两种，一种是理证性的推理或关于观念关系的推理，另一种是或然性（moral）的推理或关于事实和存在的推理。在这种情况下没有理证性的论证，这似乎是明显的；因为自然进程可能改变，以及看起来与我们所经验的对象相似的对象可能伴随着不同或相反的结果，都不蕴含矛盾。难道我不能清楚而明确地设想，从云端飘落且在所有其他方面都像雪的物体，却有盐的味道或火的触感吗？有什么命题比"所有树木都会在十二月和一月茂盛、在五月和六月衰败"更可理解吗？于是，凡是可理解的、可被明确设想的，都不蕴含矛盾，也绝不能被任何理证性的论证或抽象的先验推理证明为假。

因此，如果我们由于论证而信任过去的经验，并把它当作我们未来判断的标准，那么这些论证一定只是或然性的，或者根据上述划分，一定是关于事实和实在的存在的。但是，如果我们对这类推理的解释被认为是可靠而令人满意的，那么这类论证看来是不存在的。我们说过，关于存在的所有论证都建立在因果关系之上；我们对这种关系的认识完全来自经验；并且，我们所有来自经验的结论都基于"未来将与过去一致"的假设。因此，试图用或然性论证或关于存在的论证来证明这最后一个假设，显然是在兜圈子，把有待证明的观点当作理所当然的了。

实际上，所有来自经验的论证，都建立在我们在自然对象之中所发现的相似性之上——由于这种相似性，我们被诱导去期待与这些对象所产生的结果相似的结果。尽管除了傻子或疯子，没有人会妄图反对经验的权威，或拒斥人生的伟大指南，但人们确实可以允许哲学家至少具有如此大的好奇心去考察人性原理——这人性原理把这种巨大的权威赋予经验，使我们从自然置于不同对象之中的那种相似性中获益。我们由于看起来相似的原因期待相似的结果。这就是我们所有来自经验的推论的要点（sum）。现在看来很明显，如果这个推论是由理性形成的，那么它在一开始，在一个事例中，就会和经过如此漫长的经验过程之后一样完美。但事实远非如此。没有什么像蛋那样彼此相像，但没有人因为这种表面上的相似就期待所有的蛋有相同的味道和口感。只有经过长期的各种一致经验，我们才能对某一特定事件产生坚定的信心和把握。现在，有一个推理过程，它从一个事例中得出的结论，与它从一百个与那单一事例毫无区别的事例推论出来的结论非常不同，那么这个推理过程在哪里呢？我提出这个问题，既是为了获取信息，也是为了引出困难。

我找不到，也想象不出这样的推理。不过，如果有人愿意赐教，我也虚心领受。

如果有人说，我们从许多一致经验中推断出了可感性质和秘密力量之间的联结；那我必须承认，这似乎是同一个难题，只是用词不同而已。问题再次出现：这个推论建立在什么论证过程之上？将如此悬殊的命题结合起来的媒介（即居间的观念）在哪里呢？人们承认，面包的颜色、坚实性和其他可感性质本身似乎与滋养和供养的秘密力量没有任何联结。否则，我们就可以在没有经验帮助的情况下，一看到那些可感性质就推论出这些秘密力量；而这违背了所有哲学家的观点，也违背了明显的事实。因此，这就是我们对一切对象的力量和作用的自然无知状态。经验如何补救这种状况呢？它只是向我们展示了由某些对象产生的许多一致结果，并教导我们，那些特殊对象在那个特殊时期被赋予了那样的能力和力量。当一个具有相似可感性质的新对象产生时，我们就期待相似的能力和力量，并期待相似的结果。看到一个具有与面包相似的颜色和坚实性的物体，我们就期待相似的滋养和供养作用。不过，这肯定是一个需要解释的心灵步骤或过程。当有人说"我在过去的所有事例中发现，这样的可感性质与这样的秘密力量相会合"，又说"相似的可感性质将总是与相似的秘密力量相会合"时，他并没有同语反复的过失，这两个命题在任何方面都不相同。你说，一个命题是从另一个命题中推论出来的。但你必须承认，这个推论不是直观的，也不是理证性的：那它具有怎样的本性？说它是来自经验的，这是在回避问题。因为所有从经验中得出的推论都把如下假设当作根据，即未来将与过去相似，相似的能力将与相似的可感性质相会合。如果有人怀疑自然的进程会发生变化，怀疑过去不能作为未来的规则，那么一切经验都会变得毫无用处，也不能得出任何推论或结论。因此，任何来自经验的论证都不能证明过去和未来的这种相似性；因为所有这些论证都建立在这种相似性的假设之上。让事物的进程迄今为止都是如此有规律的吧；没有某个新的论证或推论，仅凭这一点并不能证明它将来也会如此。你妄图从过去的经验中学习物体的本性，那是徒劳的。物体的秘密本性以及相应地，它们的所有结果和作用，都可能发生变化，而它们的可感性质却没有任何变化。这种情况只是有时发生，并只涉及一些对象：它为什么不总是发生，并涉及一切对象呢？你有什么逻辑、什么过程或论证来抵御这个假设？你说，我的实践驳斥了我的怀疑。但你搞错了我的问题的本意。作为一个行动者（agent），我对这一点非常确信；但是，作为有些好奇的哲学家，我不会讲述怀疑主义，我想要知道这一推论的根据。在如此重要的问题上，任何阅读、任何研究都无法消除我的困难，也无法让我满意。尽管我获得解决办法的希望也许很渺茫，但我能做得比向公众提出这个难题更好吗？如果不能增加我们的知识，至少我们可以通过这种方式意识到我们的无知。

我必须承认，一个人如果因为一个论证避开了他的研究就得出结论说，这个论证实际上并不存在，那么他就犯了不可宽恕的傲慢的过错。我也必须承认，尽管所有学者多年以来对任何主题的研究都毫无成效，但因此就肯定地推断说这个主题必定超出了所有人类的理解，也许仍然是轻率的。就算我们检查了所有的知识来源，并断定它们不适合于这样一个主题，人们也仍然可以怀疑，这个列举是不完全的，或者这个检查是不精确的。但就当前的主题而言，有一些考虑似乎可以消除对傲慢的指控或对错误的怀疑。

的确，最无知、最愚蠢的农民——以及婴儿，甚至于野兽——也通过经验进步，并通过观察自然对象所产生的结果认识它们的性质。当一个小孩感受到触摸蜡烛的火焰所带来的疼痛时，他就会小心翼翼地不让手靠近任何蜡烛；但他会期待一个在可感性质和外观上相似的原因会带来相似的结果。因此，如果你断言，这小孩的理智是在任何论证或推理过程的引导下得出那个结论的，那么我可以正当地要求你拿出那个论证来；你没有任何借口拒绝如此公正的要求。你不能说这个论证是深奥的，可能是你无法研究的；因为你承认，它对于普通婴儿的能力来说也是明显的。因此，如果你犹豫片刻，或者如果你在反思之后提出任何复杂或深奥的论证，那么你就在某种意义上放弃了这个问题，并承认不是推理让我们假设过去与未来相似，并期待表面上相似的原因将带来相似的结果。这就是我打算在本章中强调的命题。如果我是对的，我也不妄称作出了任何重大的发现。如果我错了，我就必须承认自己确实是一个非常落后的学者；因为我现在不能发现似乎早在我离开摇篮之前就非常熟悉的论证。

第五章
怀疑派对上述怀疑的解决

第一节

对哲学的热情如同对宗教的热情，似乎也会带来这样的不便：虽然它的目的是纠正我们的举止，根除我们的恶（vices），但由于不谨慎的运用，它可能只会助长一种占主导地位的倾向，并以更坚定的决心，通过我们自然性情的偏好和习性（propensity），将心灵推向已经过于得势的那一方。的确，当我们向往哲人（philosophic sage）的崇高坚定，并努力将快乐完全限制在我们心灵之

中时，我们最终可能会使我们的哲学像爱比克泰德
（Epictetus）以及其他斯多亚派（Stoics）的哲学一
样，只是一个更精致的自私体系，并说服自己放弃
一切德性和社交享受。当我们专注地研究人生的虚
幻，将我们的全部思想转向财富和荣誉虚空的、无
常的本性时，也许我们就一直在迎合我们自然的怠
惰——由于憎恶世间的喧闹和事务的辛劳，这种怠
惰寻找一个理性的借口让自己完全地、不受控制地
放纵。不过，有一种哲学似乎不会带来这种不便，
这是因为它不与人类心灵的无序热情相容，也不能
和任何自然感情（affection）或倾向相结合；这就是
学园派（Academic）或怀疑派（Sceptical）的哲学。
学园派总是谈论怀疑和悬置判断，谈论仓促决定的
危险，谈论将理智的各种研究限制在非常狭窄的范
围内，谈论抛弃一切不在日常生活和实践范围内的
思辨。因此，没有什么比这样的哲学更有悖于心灵
的因循（supin）怠惰、它鲁莽的傲慢、它高傲的抱
负以及它迷信的轻信。除了对真理的热爱，所有的
热情都会受到它的抑制；而对真理的热爱永远不会

也不可能达到太高的程度。因此，令人惊讶的是，这种哲学几乎在任何情况下都是无害和清白的，却受到如此多无根据的指责和诽谤。不过，使它如此清白的那个条件，也许正是使它遭到公众憎恨和怨恨的主要原因。由于不迎合不正当（irregular）的热情，它几乎没有党羽；由于反对如此多的恶行和愚蠢行为，它给自己树立了大量的敌人——这些敌人污蔑它是持自由思想、渎神和无宗教信仰的。

我们也不必担心，这种哲学在努力将我们的研究局限于日常生活的同时，会破坏日常生活的推理，并把它的怀疑推进到摧毁一切行动和思辨的地步。自然将永远保持她的权利，并最终战胜任何抽象的推理。例如，尽管我们应该像在前一章那样得出结论说，在一切来自经验的推理中，心灵都会迈出不为任何论证或者理智过程支持的一步；但是，这样一个发现并没有危及几乎所有知识都依赖的那些推理。如果心灵不是在论证的驱使下迈出这一步，那它就必定为某个个别的具有相同分量和权威的原理所诱使；只要人性保持不变，那个原理就将保持它的作用。至于那个原理是什么，也许很值得去费力研究。

假设一个人，尽管禀有最强的理性和反思官能，却被突然带到这个世界；他确实会立即看到连续的对象系列，以及一事件跟随着另一事件；但是，他无法发现更多的东西。起初，他无法通过任何推理获得因果观念；因为使一切自然作用得以实施的特殊力量从未呈现于感官；仅仅因为在一个事例中一事件先于另一事件，就断定一个是原因，另一个是结果，这也不合理。它们的会合可能是任意和偶然的。从一者的出现推断另一者的存在可能毫无道理。总之，这样一个没有更多经验的人，绝不能对任何事实进行猜测或推理，也无法确信任何超出直接呈现于他的记忆和感官的事物的东西。

又，假设他获得了更多的经验，并且在这一个世界上生活了如此之久，以至于观察到相似的对象或事件恒常地会合在一起；这种经验的结果是什么呢？他立即从一个对象的出现推论另一个对象的存在。然而，他并没有凭借他的所有经验，获得使一个对象产生另一个对象的秘密力量的任何观念或知识；他也不是在任何推理过程的驱使下作出那个推论的。但是，他发现自己还是被决定作出这个推论：尽管他确信他的理智没有参与这个活动，但他还是会继续相同的思想过程。有某个个别的原理决定他形成这样的结论。

这个原理就是习惯（Custom）或习性（Habit）。因为无论在什么地方，只要重复任何特定的行为或活动，就会产生继续同一行为或活动的倾向，而不需要任何推理或理智过程的推动，我们就总是说，这种倾向是习惯的结果。我们虽然使用"习惯"这个词，却并不自命给出了这种倾向的终极理由。我们只是指出了一个人性原理——这个原理得到了普遍的承认，并由于其结果而为人所熟知。我们也许不能再推进我们的研究，也不能妄图给出这个原因的原因；而必须满足于把它当作我们所有来自经验的结论的终极原理。我们能走到这一步，并且不会因为我们的官能不把我们带到更远的地方而埋怨它们的狭隘，就已经很满足了。在两对象——例如热和火焰、重量和坚固性——

恒常会合之后，我们就仅仅为习惯决定从一对象的出现期待另一对象，当我们如此断言时，我们确实提出了一个即使不是真的至少也是非常可理解的命题。这个假说甚至似乎是唯一能解释那个难题的假说，即为什么我们从一千个事例中作出的推论，却无法从与它们完全相同的单一事例中作出。理性不可能有这样的变化。它从一个圆中所得出的结论，与它考察宇宙中所有的圆之后所形成的结论是一样的。但是，没有人仅仅看到一物体在受到另一物体的推动后动起来，就能推断所有其他物体在受到相同的推动后也会动起来。因此，所有来自经验的推论都是习惯的结果，而不是推理的结果。①

---

① 没有什么比作家们——甚至是论述道德、政治或物理主题的作家——区分理性和经验，并假定这两种论证（argumentation）完全不同更常见的了。前者被认为仅仅是我们各种理智官能的结果，这些官能通过先验地考虑事物的本性，检查必然伴随着它们的活动而来的结果，从而确立了科学和哲学的特殊原理。后者被认为完全源于感官和观察——通过它们，我们了解了特殊对象的活动实际产生了什么，进而能够推论将来它们会产生什么。例如，对于政府和政体的限制和约束，既可以从理性的角度来辩护，又可以从经验和历史的角度来辩护：理性反思了人性的巨大脆弱和腐败，因而教导我们，没有人可以放心地委以无限制的权威；经验和历史则告诉我们野心在一切时代和国家对如此轻率的信任的巨大滥用。

（转下页）

第五章
怀疑派对上述怀疑的解决

（接上页）理性和经验的这种区分也保持在我们对生活行为的一切考虑中；这时，有经验的政治家、将军、医生或商人受到信任和追随；而无经验的新手则不论具有什么样的天赋，也是被忽视和轻视的。尽管人们承认，理性可以对如此特殊条件下的如此特殊行为的后果形成非常有道理的猜测；但没有经验的帮助，理性仍被认为是不完美的，只有经验能给来自研究和反思的原则（maxims）带来可靠性和确定性。

虽然这种区分在行动和思辨的生活场景中得到这样的普遍接受，但我还是要毫不犹豫地宣称，这种区分从根本上说是错误的，至少是肤浅的。

我们如果检查一下在上述任何一门科学中被认为仅仅是推理和反思结果的那些论证，那么就会发现它们最后都终止于某个普遍原理或结论，而对于这个原理或结论，除了观察和经验，我们找不到任何理由。它们与那些通常被认为是纯粹经验的结果的原则之间的唯一区别在于：前者倘若不通过某种思想的过程和对我们所观察的东西的反思，来区分自身的情节（a'rcumstances），并追溯自身的后果，就无法确立起来；而在后者中，被经验的事件与我们推论为任何特殊情况的结果的事件是全然相似的。如果君主摆脱了法律和元老院的约束，那么提比略（Tiberius）或尼禄（Nero）的历史会让我们害怕相似的僭政（tyranny）：对私人生活中的任何欺骗或残忍行为的观察，稍作思考，就足以让我们产生相同的担心；这时，它就成了人性普遍败坏的一个例证，并向我们展示了由于完全信任人类而必然招致的危险。在这两种情况下，都是经验最终成了我们的推论和结论的基础。

没有人会如此年轻而没有经验，以至于没有从观察中形成许多关于人类事务和生活行为的普遍而正确的原则；但人们必须承认，当一个人开始将它们付诸实践时，他将极易犯错，直到时间和更多的经验既扩大这些原则，又教会他正确地应用它们。在每一个情况或事件中，都存在着许多特殊的、看似细微的情节，就连最有才华的人起初也很容易忽视它们，尽管他的结论正确，因而其行为的明智完全依赖于它们。更何况，对于一个年轻的新手来说，普遍的观察和原则并不总在适当的时机出现，也不能立即得到冷静和明确的应用。事实是，一个无经验的推理者如果是绝对无经验的，那他就根本不能是推理者；当我们把这种特性（无经验）归于任何人时，我们只是在相对的意义上理解它，并假定他具有更小、更不完美程度的经验。

因此，习惯是人生的伟大指南。只有这一原理能使我们的经验对我们有用，并让我们期待未来发生与过去相似的事件系列。没有习惯的作用，我们就会对超出直接呈现于记忆和感官的事物之外的所有事实一无所知。我们就永远不知道如何调整手段以达到目的，也不知道如何运用我们的自然能力产生任何结果。所有的行动以及思辨的主要部分都会立即停止。

但是，在这里我们可以适当地指出，尽管来自经验的结论将我们带到记忆和感官之外，使我们确信在最遥远的地方和最遥远的年代发生的事实，但必须有某个事实总是呈现于感官或记忆——从这个事实出发，我们最初才可能进而得出那些结论。如果一个人在一片荒漠中发现了宏伟建筑的遗迹，他就会得出结论说，该地区在古代曾经有过文明居民的耕作；但如果没有具有这种本性的事情发生在他身上，他就绝不能作出这样的推论。我们从历史中了解过去各时代的事件；但当时我们必须仔细阅读包含此教诲的书卷，然后把我们的推论从一个证据带到另一个证据，直到我们找到这些遥远事件的目击者和旁观者。总之，如果我们不是从呈现于记忆或感官的某个事实出发，我们的推理就只能是假设性的；而且，不论各个特殊环节之间如何联结，整个推论的链条不会有任何支撑点，我们也不可能通过它获得任何实在存在的知识。如果我问你为什么相信你所讲述的任何特殊事实，那么你就必须告诉我某个理由；而这个理由就会是某个与它相联结的其他事实。但是，既然你不能无休止地这样追溯上去，那么你最后就必须终止呈现于你的记忆或感官的某个事实；否则，你就必须承认你的信念是完全没有根据的。

那么，整件事的结论是什么呢？一个简单的结论，尽管必须承认，它与通常的哲学理论相去甚远。所有对于事实或者实在存在的信念，都仅仅源于呈现于记忆或感官的某个对象，以及这个对象和某个其他对象的惯常会合。或者换句话说；在许多情况下发现了任何两类对象——火焰和热、雪和冷——总是会合在一起；如果火焰或雪再次呈现于感官，习惯就驱使心灵期待热或冷，并相信这样的性质确实存在、靠近时就会显示出来。这个信念是将心灵置于这样的条件下的必然结果。它是我们处于这样的状况时灵魂的一种活动，就像我们在得到好处时感受到爱的情感、在受到伤害时感受到恨的情感一样不可避免。所有这些活动都是一种自然本能，任何推理或思想和理智的过程都无法产生或阻止。

我们完全可以在这个节点上停止我们的哲学研究。在大多数问题上，我们永远无法更进一步；而在所有问题上，哪怕是在我们最无休止、最好奇的研究之后，我们最后也必须在这里结束。但是，如果好奇心让我们进行更深入的研究，让我们更精确地考察这种信念以及产生它的惯常会合的本性，那么，这样的好奇心是可原谅的，或许是值得称赞的。由此我们可以遇到一些让人满意的解释和类比；至少可以让那些热爱抽象科学、可以从不管多精确都保留着某种程度的怀疑和不确定性的思辨中得到快乐的人满意。至于品位不同的读者，本章的其余部分不是为他们准备的，就算被忽略了，后面的研究也可以得到很好的理解。

第二节

没有什么比人的想象更自由的了；尽管它不能超出内部和外部感官所提供的源始观念材料，但它有无限的能力混合、组合、分离、分割这些观念，从而形成各种各样的假象（fiction）和幻象（vision）。它可以捏造一连串事件，让它们具有实在的全部外表，赋予它们特定的时间和地点，把它们设想为存在者，并用属于任何历史事实（这是它以最大的确定性相信的历史事实）的每一个情节把它们描绘出来。那么，这样的虚构和信念之间的区别在哪里呢？它不仅仅在于任何附着在得到我们同意的概念上的，却是所有已知的虚构所缺乏的特殊观念。因为既然心灵对它的所有观念都具有支配权，那么它就可以自觉地（voluntarily）将这个特殊观念附着在任何虚构的东西上，从而能够相信它想要相信的一切；而这与我们在日常经验中所发现的恰恰相反。我们可以在概念中结合人头和马身，但我们无法相信这种动物真的存在过。

　　因此，虚构和信念之间的区别在于某种情感（sentiment）或感受（feeling）——这种情感或感受附着于后者，而不是前者，并且不为意志所支配，也不能被随意支配。它必须像所有其他情感一样为自然所激起，它必定产生于心灵在任何特定关头所处的特定情境。每当有任何对象呈现于记忆或感官时，由于习惯的力量，它就立刻使想象去设想那个通常与它相会合的对象；这种设想伴随着一种感受或情感，不同于想象中松散的幻想（reveries）。信念的全部本性就在于此。因为，既然没有什么事实是我们如此坚定地相信以至于不能设想其相反者的，那么要不是由于某种情感把我们所同意的概念和我们所拒斥的概念区别开来，它们之间就不会有区别。如果我看到一个台球在光滑的桌面上向另一个台球滚去，我可以很容易设想它碰到后者后就停下来。这个设想并不蕴含矛盾，但它在感受上非常不同于我借以向自己呈现（represent）冲撞和运动从一个球到另一个球传递的设想。

　　如果我们试图给这种情感下定义，也许我们会

发现这是一项非常困难——如果不是不可能——的
工作。这就好比我们试图向一个对冷的感受或愤怒
的情感没有任何经验的人给这些情感下定义一样。
信念是这种感受真正而恰当的名称；并且没有人会
不知道这个词的含义；因为每个人都在时刻意识着
它所表象的情感。不过，我们不妨尝试描述一下这
种情感；希望我们能由此得到一些类比，从而对它
作出更完美的阐释。因此，我说，信念不过是比单
纯想象所能达到的更活泼、更生动、更有力、更牢
固、更稳定的对象概念。这些看似不哲学的不同术
语，只是为了表达这种心灵活动：它使实在或被当
作实在的东西，比虚构的东西更真实地呈现给我们，
使它们在思想中更有分量，使它们对情感和想象有
更大的影响。我们只要在事物上达成一致，就没有
必要在语词上争论不休。想象可以控制它的所有观
念，并以各种可能的方式结合、混合和改变它们。
它可以用所有的时空条件来设想虚构的对象。它可
以在某种程度上让它们以其真实的外貌呈现在我们
眼前，就好像它们存在过一样。但是，既然这种想

象的官能自身不能达到信念的境界，那么信念显然不在于观念的特殊本性或秩序，而在于观念的设想方式，在于观念给心灵带来的感受。我承认，要解释这种感受或设想方式是完全不可能的。我们可以用一些词来表达与它相近的东西。但是，正如我们之前所看到的，它真正而恰当的名称是"信念"；这是每个人在日常生活中就充分理解的一个词。在哲学中，我们只能断言，信念是心灵所感受到的、把判断中的观念同想象中的虚构区别开来的某种东西。它赋予它们更大的分量和影响力，使它们显得更重要；在心灵中强化它们，并使它们成为我们行动的主导原理。例如，我现在听到一个熟人的声音，这声音就来自隔壁房间。我的这个感官印象立即使我的思想转向那个人，以及所有周围的对象。我把它们描绘成当下存在的、具有我以前知道它们具有的那些性质和关系的东西。这些观念比魔法城堡的观念更牢固地抓住我的心灵。它们在感受上非常不同，对于不管是给人快乐还是给人痛苦、给人喜悦还是给人悲伤，都有更大的影响。

因此，让我们接受这个学说的全部内容，并同意，信念的情感只不过是一种比伴随着想象的单纯虚构而来的东西更强烈、更牢固的设想，而且这种设想方式产生于对象与呈现于记忆或感官的某样东西的惯常会合：我相信，基于这些假设，我们不难找到与它类似的其他心灵活动，并且可以从这些现象追溯到更普遍的命题。

我们已经看到，自然在特殊观念之间建立了联结，而且，一个观念一出现在我们的思想中，它就会引出它的相关者，并通过一种轻柔而难以觉察的运动将我们的注意力引向它。我们将这些联结或结合原理归纳为三种，即相似关系、接近关系和因果关系；它们是把我们的思想结合在一起的唯一纽带，产生了一连串有规则的反思或推理——这反思或推理或多或少地发生在全人类中间。现在出现了一个问题，解决当前的难题就取决于这个问题。在所有这些关系中，当其中一个对象呈现于感官或记忆时，心灵不仅设想它的相关者，而且比其他情况更稳定、更强烈地设想它的相关者吗？由因果关系产生的信念似乎就是这种情况。如果其他关系或联结原理也是这种情况，那么这就可以被确立为在所有的心灵活动中都会发生的普遍法则。

因此，作为当前主题的第一个实验，我们可以注意到，当一个不在场的朋友的画像出现时，我们对于他的观念由于相似关系而明显活跃起来，而且那个观念所引起的每一种情感——不论是喜悦还是悲伤——都获得了新的力量和活力。在造成这个结果时，一种关系和一个当下的印象都起作用了。如果那张画像与他并不相似，或至少不是为他而画的，那它甚至不会让我们的思想转向它：如果那张画像和那个人都不在场，那么，尽管心灵可以从一者的思想转移到另一者的思想，但它感到它的观念让那种转移给削弱而不是加强了。当朋友的画像放在我们面前时，我们会乐于观看它；但当它被移走时，我们宁可选择直接去想他，而不是通过反思在一个同样遥远和模糊的意象（image）中想他。

罗马天主教的仪式也可被视为本性相同的例子。这种迷信的信徒通常为他们受到谴责的愚蠢仪式申

辩说，他们感受到了那些外部动作、姿势和行为对
于鼓舞其忠诚、激发其热情的良好效果，不然，他
们的忠诚和热情如果完全指向遥远的、非物质的对
象，就会衰退。他们说，我们用可感的符号（types）
和形象（images）来暗示信仰对象，并且通过这些符
号的直接在场，使它们在我们面前更加真实，这比
我们仅仅通过理智之静观（view）与沉思所能做到的
要好得多。可感对象总是比任何其他对象更能影响
我们的想象；并且，它们很容易把这种影响传递给
与它们相关和相似的观念。我们只能从这些实践和
这个推理推断，相似关系在活跃观念方面的效果是
十分常见的；由于在每一种情况下相似关系和当下
的印象都必须同时起作用，我们有大量的实验来证
明上述原理的实在性。

在考虑接近关系和相似关系的作用时，我们可
以通过不同种类的其他实验来增加这些实验的力
量。的确，距离会削弱每个观念的力量，而且，当
我们接近任何对象时，尽管它没有呈现于我们的感
官，但它以一种与直接印象相仿的力度作用于我们

的心灵。对任何对象的思考，都很容易把心灵转移到与它接近的对象上；但是，只有对象的实际在场，才能更活跃地转移它。当我离家几英里远时，与家有关的任何东西对我的触动都比我离家两百里格 [①]（leagues）时要大；不过，即使在那么远的地方，对我的朋友或家人附近的任何事物的反思，都会使我自然而然地产生对他们的观念。但是，在后一种情况下，心灵的两个对象都是观念，尽管它们之间有一个轻松过渡，但由于缺少某个直接印象，单单这个过渡不能赋予任何观念以较大的活力。[②]

[①] 里格是距离的尺度，大约等于 3 英里。

[②] "在我们看见那些据说过去的名人曾经待过的地方时，远比在我们听说他们的成就或阅读他们的著作时更让人感动，我无法断定这是一种自然本能还是一种幻觉。这就是我现在受到的影响。我想起了柏拉图，据说他是第一个经常在这里讨论问题的哲学家。附近的那些小花园不仅让我想起柏拉图，而且似乎真的让他出现在我眼前。这里有斯癸西波（Speusippus）、塞诺克拉底（Xenocrates）和他的学生波莱谟（Polemo），他们就坐在我们可以看到的那个座位上。甚至当我看着我们自己的元老院（Senate-house）（我指的是最初的老霍斯提亚；它的扩建在我看来使它变小了）时，我也经常想起西庇阿（Scipio）、加图（Cato）、拉利乌斯（Laelius），尤其是我的祖父。这就是场所所具有的引起情感共鸣的能力。无怪乎记忆的训练就建立在它们之上。" Cicero, de finibus. lib.v.

没有人会怀疑因果关系与其他两种关系——相似关系和接近关系——具有相同的影响。迷信的人喜欢圣徒和圣人的遗物,也是出于相同的理由,即他们寻找各种符号或形象来鼓舞其忠诚,使他们对于想要模仿的模范生活有更亲切、更强烈的概念。现在很明显,信徒能得到的最好的遗物之一,就是圣徒的手工制品;如果他的衣服和家具也从这个角度来考虑,那是因为它们曾经由他支配,并为他所移动和影响;在这方面,它们应被视为不完全的结果,把它们与圣人联结起来的因果(consequences)系列比我们借以学习他的存在的实在性的任何因果系列都更短。

假设一个去世或离开很久的朋友的儿子出现在我们面前,显然,这个对象会立即唤起它的相关观念,并在我们的思想中唤起过去所有的亲密交往,让这些被唤起的景象比其他情况更生动地呈现出来。这似乎是证明上述原理的又一现象。

我们可以看到,在这些现象中,相关对象的信念总是预先设定的;没有这种信念,关系就不起作用。画像起作用的前提是我们相信我们的朋友曾经存在过。除非我们相信家确实存在，否则与家的接近关系绝不能激起我们对家的观念。现在我断言，这种信念在它超越记忆或感官时，与这里所解释的思想转移和概念生动性，具有相似的本性，并产生于相似的原因。我把一块干柴扔进火里，我的心灵立即被驱使着去设想，这块干柴增旺、而不是熄灭了火焰。这种从原因到结果的思想转移并非源于理性。它完全源于习惯和经验。由于它最初从呈现于感官的对象出发，它就使火焰的观念或概念比任何松散、不定的幻想更强烈、更生动。那个观念立即产生。思想立即向它移动，并把源于向感官呈现的印象的概念力量全部传递给它。当一把刀对准我的胸膛时，伤痛的观念不是比一杯酒呈现于我时更强烈地触动我吗？尽管在后一对象出现时伤痛的观念也偶尔产生。但在这整个事件中，除了一个当下对象和向着另一对象（我们已经习惯了此对象与前者的会合）的观念的习惯性转移，还有什么能产生这样一个强烈概念呢？这就是心灵在我们关于事实和存在的所有结论中的全部活动；我们应该找到一些可以解释它的类比。在所有情况下，一个当下对象的转移都会给相关观念带来力量和稳固性。

因此，在自然的进程和我们的观念接续之间存在着一种预定（pre-established）和谐；虽然我们完全不知道支配前者的力量和能力；但我们发现，思想和概念仍然与自然的其他作品前进在同一系列之中。习惯就是实现这种一致的原理，在人类生活的一切情况和事件中，习惯对于我们人类的生存和行为的调节都是十分必要的。如果不是一个对象的出现立即激起通常与之相会合的那些对象的观念，我们的全部知识就一定会局限在记忆和感官的狭小范围内；我们就绝不能调整手段以达到目的，也不能运用我们的自然能力去产生善或避免恶。那些乐于发现和沉思目的因的人，在此就有了运用其惊异和钦佩的充分主题。

为了进一步证实上述理论，我还想补充一点，既然我们借以从相似原因推断相似结果、从相似结果推断相似原因的这种心灵活动，对于全人类的生存如此重要，那么它就不可能被托付给我们靠不住的理性演绎——这种理性演绎的活动是缓慢的；绝不会在婴儿期的头几年里出现；从最好的方面说，它在人生的每个时期和阶段都极易出错。通过某种本能或机械倾向——这种本能或倾向在其活动中可能是绝对可靠的，在生命和思想最初出现时就显示出来，并且独立于一切费力的理智演绎——来确保如此必要的心灵行为，更符合自然的寻常智慧。正如自然教我们使用四肢，却没有把驱动它们的肌肉和神经的知识给我们；同样，她在我们身上植入了一种本能，使思想的过程与她在外部对象中所建立的过程一致；尽管我们对这个有规律的过程和对象接续完全依赖的那些能力和力量一无所知。

第六章
论或然性 ①

　　尽管世界上不存在机会（chance）这样的东西；可是，我们对任何事件真实原因的无知，对理智却有相同的影响，并产生类似的信念或意见。

　　确实有一种或然性（probability），产生于任何一方的机会优势；并且，随着这种优势的增加，并压倒相反的机会，或然性也相应地增大，使得我们对

---

① 洛克先生将一切论证划分为理证的和或然的。按照这种观点，我们必须说，"所有人都会死"或者"太阳明天将升起"只是或然的。但是，为了使我们的语言更符合日常用法，我们应当将论证划分为理证（demonstrations）、证明（proofs）和或然性（probabilities）。证明指的是那种来自经验的、不容怀疑或反对的论证。

占优势的那一方产生更高程度的信念或同意。如果一个骰子有四个面标记着某个图形或某个数目的点，其余两面则标记着另一图形或另一数目的点，那么前者朝上的可能性就会比后者朝上的可能性大；但是，如果它有一千个面标记相同，只有一个面标记不同，那么前者朝上的可能性就会比后者朝上的可能性大得多，我们对前者朝上的信念或期待也更稳定和牢固。这一思想或推理过程看似微不足道又显而易见；但是对于更仔细考察它的人来说，它或许可以提供精细（curious）思辨的材料。

看来很明显，当心灵期待着发现抛掷这样一个骰子可能产生的事件时，它就会把每一个特殊的面朝上看作是同等可能的；而机会的本性就是使它所包含的所有特殊事件完全平等。但是，由于发现一事件的机会比另一事件更多，心灵就会更频繁地转向前一事件，而且当心灵在最终结果所依赖的各种可能性或机会之间打转时，就会更经常地遭遇它。若干视图（views）汇聚于一个特殊事件，立即通过一种难以解释的自然机制产生信念的情感，并赋予该事件对于其对立面的优势——后者为更少的视图所支持，也更少出现在心灵中。如果我们承认，信念不过是比伴随着想象的单纯虚构的概念更牢固、更强烈的对象概念，那么这种活动也许可以在某种程度上得到解释。这些视图或景物（glimpses）的汇聚，将观念更强烈地铭刻于想象中，赋予它更大的力量和活力；使它对情感和感情（affections）的影响更明显；总之，产生了构成信念或意见的本性的那种信任或确信。

原因的或然性与机会的或然性的情况是一样的。有些原因在产生特殊结果时是完全一致和一贯的；在其作用中从未发现任何失败或不规则的事例。火总能烧伤人，水总能使人窒息：推力和重力引起运动，这是一条迄今为止不允许有例外的普遍法则。但我们发现，也有些其他原因更不规则、更不确定：大黄或鸦片也并不总能对每一个服用的人产生催泄或催眠的作用。的确，当任何原因不能产生它的通常结果时，哲学家们不会将这归咎于自然的任何不规律；而是假设，在各部分的特殊结构中，有一些秘密原因阻碍了结果的产生。然而，我们对于这事件的推理或结论却和这一原理不起作用时是一样的。我们在一切推论中被习惯决定了从过去转移到将来；当过去是完全恒常和一贯的时，我们就以最大的确信期待那个事件，而不容许任何相反的假设。但是，当我们发现不同的结果产生于表面上完全相似的原因时，所有这些不同的结果在从过去转移到将来时一定会出现在心灵中，并在我们确定事件的可能性时进入我们的考虑范围。尽管我们优先考虑那个最常见的结果，并相信那个结果将存在，但我们决不会忽视其他结果，而一定会根据我们发现它们的频繁程度，赋予它们特定的分量和权威。在欧洲的几乎每一个国家，一月份某个时候出现霜冻的可能性比整个一月份的天气持续温暖的可能性更大；尽管这种可能性会随着气候的不同而有所变化，而且在更北方的国家，这种可能性接近于确定性。由此看来，当我们为了确定任何原因所产生的结果而从过去转移到将来时，我们按照不同的事件过去出现的比例转移所有不同的事件，并设想一事件存在过——比方说——一百次，另一事件存在过十次，还有一事件存在过一次。由于大量的视图在这里都汇聚于一个事件，它们就在想象中加强和巩固了它，产生了我们称为"信念"的那种情感，并使其对象优先于相反事件——后者没有得到同等数目的实验的支持，而且在从过去转移到将来时不那么频繁地出现在思想中。让任何一个人尝试基于任何一个已被接受的哲学体系来解释这种心灵作用，他都会意识到其中的困难。就我而言，如果当前的提示能激起哲学家们的好奇心，使他们觉察到所有的普通理论在处理如此奇妙、如此崇高的主题时有多大的缺陷，我想就足够了。

第七章
论必然联结的观念

第一节

数学科学（mathematical sciences）相对于道德科学的巨大优势在于，前者的观念由于是感性的（sensible），因而总是清楚而确定的，它们之间最细微的区别也是直接可知觉的，而且，相同的术语总是表达相同的观念，没有歧义或变化。椭圆不会被误认为是圆，双曲线不会被误认为是椭圆。区分等腰三角形和不等边三角形的界限比区分善恶、对错的界限更精确。如果在几何学中任何术语被定义，那么心灵自身很容易在所有情况下用定义代替被定义的术语：甚至在没有定义的情况下，对象本身也可以呈现于感官，并由此得到稳固而清楚的理解。但是，心灵更精致的情感、理智的作用、各种激情的躁动，尽管本身确实是清楚的，但在为反思所检查时，就很容易逃脱我们的检查；每当我们有机会沉思源始对象时，我们都没有能力唤起它。这样，模糊性逐渐被引入我们的推理中：相似的对象很容易被当作相同的对象，而结论最终远离了前提。

不过，人们仍然可以有把握地断言，如果我们从合适的角度考虑这两门科学，那么它们的优缺点几乎可以互补，并使两者处于相等的地位。如果心灵要更熟练地保持几何学观念的清晰性和明确性，那么它就必须进行一连串更长、更复杂的推理，并比较彼此差异更大的观念，以便获得这门科学更深奥的真理。如果说不极其谨慎就容易让道德观念陷入晦涩和混乱之中，那么这些研究中的推论与处理量和数的科学中的推论相比，总是要短得多，通向结论的中间步骤也要少得多。实际上，欧儿里得的几乎所有命题都不简单，包含的部分比任何不陷入幻想和空想的道德推理所包含的都多。当我们通过几个步骤追溯人类心灵的原理时，我们会对自己的进步非常满意；因为自然很快就会阻止我们对原因的所有研究，并迫使我们承认自己的无知。因此，我们在道德或形而上学的科学中取得进步的主要障碍，是观念的含糊不清（obscurity）和术语的模棱两可（ambiguity）。数学的主要困难是形成任何结论所必需的推论长度和思想广度。我们在自然哲学方面的进步的主要障碍，或许是缺乏合适的实验和现象——它们往往是偶然被发现的，即使是最细致、最审慎的研究也不一定能在需要时找到它们。由于道德哲学迄今为止所取得的进步似乎不如几何学或物理学，我们可以得出这样的结论：如果这些科学在这方面有任何区别的话，那么阻碍前者进步的困难需要更多的谨慎和能力去克服。

在形而上学中，最含糊、最不确定的观念莫过于能力、力量、能量（energy）或必然联结的观念，

第七章
论必然联结的观念

然而，我们的各种研究每时每刻都必须处理这样的观念。在本章中，如果可能的话，我们将努力确定这些术语的确切含义，从而在一定程度上消除人们对这一类哲学所抱怨的含糊不清。

这似乎是一个不会有太多争议的命题：我们的一切观念不过是我们印象的复制品，或者换言之，我们不可能思考任何我们之前没有通过外部或者内部感官感受到的东西。我已经努力解释并证明了这一命题①，也表达了我的希望，即通过对它的恰当运用，人们可以在哲学推理中达到比迄今所能达到的更大的清晰性和精确性。复合的观念也许可以通过定义而为人们所熟知，而定义不过是对构成它们的那些部分或简单观念的列举。可是，当我们将定义推进到最简单的观念，并且发现了更多的含糊不清和模棱两可时，我们有什么对策呢？我们可以通过什么发明来阐明这些观念，使它们对于我们的理智而言是完全精确而确定的呢？答案就是把观念所摹

---

① 第二章。

拟的印象或源始情感拿出来。这些印象都是强烈而可知觉（sensible）的。它们不容许模棱两可。它们不仅自己被置于充分的光照之下，而且可以照亮它们的相应观念——后者处于含糊不清之中。通过这种方法，我们也许可以得到一种新的显微镜或光学仪器——借助它们，道德科学中最细微、最简单的观念可以被如此放大，以至于很容易为我们所理解，就像最浅显、最可知觉的观念（这些观念可以是我们的研究对象）一样为我们所认识。

因此，为了充分了解"力量"或者"必然联结"的观念，让我们检查它的印象；为了更确定地找到这个印象，让我们在可能产生它的所有源头中寻找它。

当环顾四周的外部对象，并考虑原因的作用时，我们绝不能在单一事例中发现任何力量或必然联结；也不能发现任何将结果与原因结合起来，并使一者成为另一者的必然后果的性质。我们只能发现，事实上一者确实跟随着另一者。第一个台球的冲撞伴随着第二个台球的运动。这就是呈现给外部感官的全部。心灵不会在对象的这种接续中感受到任何情感或内在印象：因此，在因果关系的任何单一的、特殊的事例中，没有任何东西能引出能力或者必然联结的观念。

我们永远无法在一个对象初次出现时猜测它将产生什么结果。但是，如果任何原因的力量或能量可以为心灵所发现，那么即使没有经验，我们也能够预见其结果；而且能够仅仅凭借思想和推理，一开始就对它作出确定的判断。

实际上，物质的任何部分都不会通过其可感性质显示任何力量或能量，也不会让我们有理由想象，它可以产生任何事物，或者被我们可称为它的结果的任何其他对象所伴随。坚实性、广延、运动；这些性质本身都是完全的，从不指示它们可能产生的任何其他事件。宇宙的景象不断变化，一个对象紧接着另一个对象，连绵不绝；可是，驱动整个机器的能力或力量却完全对我们隐瞒着，从未在物体的任何可感性质中显示出来。我们知道，热是恒常伴随着火的；但是，至于它们之间的联结是什么，我们甚至没有任何猜测或想象的余地。因此，力量的观念不可能来源于在物体作用的单一事例中对物体的打量；因为从未有物体显示出任何可以是这个观念之来源的力量。①

因此，既然外部对象在呈现于感官时，并没有借助它们在特殊事例中的作用给予我们能力或必然联结的观念，那么就让我们看看，这个观念是否源于对我们自己的心灵作用的反思，是否从对任何内在印象的复制中而来。人们可以说，我们每时每刻都能意识到内在的力量；因为我们感到，只要我们的意志发出命令，我们就能活动身体器官，或者引导我们的心灵官能。意志的行为造成了我们的肢体运动，或在我们的想象中产生新的观念。我们通过意识知道了意志的这种作用。于是，我们获得了力量或能量的观念；并确信，我们自己以及一切其他

———

① 洛克先生在他的"力量"一章中说，我们从经验中发现，在物质中产生了一些新的东西，于是得出结论说，在某个地方一定有能够产生这些新东西的力量，通过这个推理，我们最终得到了力量观念。但是，正如这位哲学家自己所承认的，任何推理都不可能给我们一个新的、源始的、简单的观念。因此，这决不可能是那个观念的来源。

理智存在者都拥有力量。因此，这个观念是一个反思观念，因为它产生于我们对自己心灵活动的反思，以及对意志施加于身体器官和灵魂官能命令的反思。

我们将着手检查这一主张，并首先谈谈意志对身体器官的作用。可以看到，这种作用是一个事实，像所有其他自然事件一样，只能为经验所认识，绝不能依据原因中任何明显的能量或力量——这能量或力量把它和结果联结起来，并使一者是另一者的必然后果——来预见。我们身体的运动是由我们意志的命令引起的。这是我们每时每刻都意识到的。但是，对于实现这一点的手段，以及意志借以实施如此不同寻常的作用的能量，我们远远没有直接意识到，以至于必定永远逃脱了我们最细致的研究。

第一，在一切自然中，有比灵魂与身体的结合——由于这种结合，所谓的精神实体获得了对物质实体的如此作用，以至于最精细的思想能够推动最粗糙的物质——更神秘的原理吗？如果我们凭借秘密的愿望就能移山，或者控制行星的运行，那么这种广泛的权能（authority）与它相比，也不会更不同寻常，不会更超出我们的理解。但是，如果我们通过意识就能觉察到意志中的任何力量或能量，那我们一定知道这种力量；我们一定知道它与结果的联结，一定知道灵魂和身体的秘密结合，以及这两种实体的本性；由于两种实体的本性，一种实体能够在如此多的情况下作用于另一种实体。

第二，我们不能以相同的权能来推动身体的所有器官；但是，我们无法为两者之间如此明显的区别提出经验之外的任何其他理由。为什么意志能作用于舌头和手指，却不能作用于心脏或肝脏？如果我们在前一种情况中意识到了力量，在后一种情况中却没有意识到，那么这个问题绝不会使我们难堪。那时，我们无需经验就能觉察到，为什么意志对身体器官的权威被限定在这样的特定范围内。由于在那种情况下充分了解了它赖以运作的能力或力量，我们也应该知道，为什么它的作用恰好在那样的界限内而不超出。

一个腿部或手臂突然瘫痪或者刚刚失去这些肢体的人，起初会经常努力移动它们，试图让它们发挥其正常功能。在这里，他对支配这些肢体的能力的意识，和一个完全健康的人对驱动任何处于自然状态和情形下的肢体的能力的意识一样多。但意识从不骗人。因此，无论是在这种情况还是在那种情况下，我们都没有意识到任何能力。我们只能从经验中认识意志的作用。而经验只告诉我们一事件如何恒常地跟随着另一事件；却没有把将它们结合起来、使它们不可分离的秘密联结教给我们。

第三，我们从解剖学中了解到，在自觉的动作中，力量的直接对象不是被推动的肢体本身，而是某些肌肉、神经和元气（animal spirits），也许还有更细微、更不为人知的东西——在运动到达肢体本身之前，运动通过这些东西连续传播，而肢体的运动才是意志的直接对象。还能有比这更确凿的证据证明，使这整个作用得以实施的力量——这力量远非内在情感或意识所直接和完全认识的——是神秘和不可理解到极致了吗？在这里，心灵意欲某个事件，紧接着，另一个不为我们所知、与我们所想要的事件完全不同的事件产生了，这个事件又产生另一个同样未知的事件：直到最后，经过一长串的接续，我们所欲求的事件产生了。但是，如果源始的力量被感受到了，那么它也一定被认识；如果它被认识，那么它的结果也一定被认识；因为一切力量都是相对于它的结果而言的。反之亦然，如果结果不被认识，那么力量既不能被认识，也不能被感受到。如果我们没有推动肢体的力量，只有推动某些元气——尽管这些元气最终产生了我们肢体的运动，但其运作方式完全超出了我们的理解范围——的力量，那么我们怎么能意识到前一种力量呢？

　　因此，我们可以从整体上得出结论——我希望不是轻率地而是有把握地得出的：当我们产生身体运动，或将我们的肢体应用于其适当的用途和职责时，力量观念不是从对任何内在的情感或意识的复制中而来。肢体的运动跟随着意志的命令而来，这和其他自然事件一样，是日常经验的事情；但是，让它们得以运动的力量或能量，就像其他自然事件中的力量或能量一样，是未知和不可设想的。①

那么，我们是否可以断言，当我们通过意志的
行为或命令唤起一个新的观念，让心灵专注于对它
的打量，从各个方面考虑它，最后在我们认为已经
足够精确地考察了它之后为了某个个别的观念摒弃
了它时，我们就会意识到自己心灵中的力量或能量
吗？我相信同样的论证将证明，即使是这种意志的
命令，也不会给我们带来能力或能量的实在观念。

第一，人们必须承认，当我们知道一种力量时，
我们知道的正是原因中使原因能够产生结果的那个
条件：因为这两者应该是同义的。因此，我们必须

---

① 据称，我们在物体中遇到的抵抗，迫使我们频繁地用力，并让我
们使尽全力，这就给了我们力量和能力的观念。正是我们所意识
到的这种奋力（nisus）或努力，是这观念所复制的源始印象。但
是，首先，我们把能力归于大量的对象，但我们决不能假设是这
些对象在抵抗或用力；我们把能力归于至上存在（Being），但他
从未遇到任何抵抗；我们把能力归于心灵在日常的思维和活动中
对它的观念和四肢的支配，但在这里，结果是直接伴随着意志而
来的，不存在任何力量的实施或唤起；我们把能力归于无生命的
物质，但它没有这种感觉（sentiment）。其次，努力克服抵抗这
种感觉与任何事件都没有可知的联结：什么伴随它而来，我们是
通过经验知道的，而不是先验地知道的。不过，必须承认，我们
所经验到的动物奋力，尽管不能提供确切的能力观念，但也在很
大程度上融入了由它所形成的那个通行的、不精确的观念。

知道原因和结果，以及它们之间的关系。但是，我们妄图了解人类灵魂的本性和观念的本性，或者一者产生另一者的倾向吗？这是一种真正的创造；一种无中生有的创造：它意味着如此巨大的力量，以至于乍一看它似乎是任何有限的存在所不及的。至少必须承认，这种力量不为心灵所感受，不为心灵所认识，甚至不是心灵所能设想的。我们只感到那事件——观念的存在——随着意志的命令而来：但实施这种作用的方式，即产生这种作用的力量，是我们完全无法理解的。

第二，心灵对自身的支配是有限的，它对身体的支配也是有限的；这些限制不是通过理性或者对因果关系的本性的了解来认识的，它们只能通过经验和观察来认识，就像所有其他自然事件和外部对象的作用一样。我们对自己的情感和感情的权威远不如对自己的观念的权威；即使是后一种权威也被限制在非常狭窄的界限内。是否有人妄图指出这些界限的终极理由，或者说明为什么在一种情况下力量不足，而在另一种情况下却不是？

第三，这种自我控制在不同的时期有很大不同。一个健康的人比一个疾病缠身的人更有这种能力。我们在早晨比在晚上更能控制自己的思想；空腹时比饱餐后更能控制自己的思想。对于这些变化，我们能给出经验之外的任何其他理由吗？那么，我们自称意识到的力量在哪里呢？无论在精神性或物质性的实体中，还是在这两种实体中，难道没有某种部分的秘密机制或结构是结果所依赖的，并且由于是我们一无所知的，因而使意志的力量或能量同样是我们所未知和不可理解的吗？

意志确实是我们足够熟悉的一种心灵行为。反思它，从各个方面考虑它。在它那里，你有没有发现任何类似于一种创造能力——通过这种创造力，意志从无到有地产生了一个新的观念，并以一种决断（fiat）模仿了它的创造者（如果允许我这样说的话）的全能，是这个创造者创造了自然的所有不同景象——的东西？我们远没有意识到意志中的这种能量，因此，要使我们相信这样不同寻常的结果产生于简单的意志作用，就需要和我们所拥有的经验一样确定无疑的经验。

大多数人在解释更常见、更普通的自然活动，比如重物的下落、植物的生长、动物的繁殖或食物对身体的滋养时，从不会觉得有任何困难；但是他们假设，在所有这些情况下，他们都能感知到原因的力量或能量——通过这种力量或能量，原因和它的结果相联结，并且在其运作中永远不会出错。由于长期的习惯，他们获得了这样一种心灵禀赋（turn）：一旦原因出现，他们就立即有把握地期待它的通常伴随物，并且几乎不认为它可能会产生任何其他事件。只有在发现不同寻常的现象，如地震、瘟疫和各种奇事时，他们才发现自己不知所措，找不出合适的原因，也解释不了原因产生结果的方式。人们在遇到这种困难时，通常会求助于某个无形的理智原理①，把它看作是令他们惊异的事件——也是他们认为无法用通常的自然力量来解释的事件——的直接原因。但是，哲学家们只要把他们的检查再推进一点，就会立刻觉察到，即使在最熟悉的事件

---

① Θεὸς ἀπὸ μηχανῆς.

中，也和在最不寻常的事件中一样，原因的能量是难以理解的，而且我们只能通过经验了解对象间的频繁会合，却无法理解它们之间任何类似于联结的东西。于是，许多哲学家认为理性迫使自己在所有情况下都求助于一个原理，而这个原理是普通人只有在显得不可思议和超自然的事例中才求助的。他们承认，心灵和理智不仅是万物的终极和源始原因，而且是自然中出现的每一事件直接和唯一的原因。他们声称，通常被称为原因的那些对象，实际上只是机缘（occasions）；而且，每一结果的真正和直接的原理，并不是自然中的任何能力或力量，而是至上存在（the Supreme Being）的意志，是他意欲这些特殊对象永远相互会合。他们不说一个台球通过它从自然的创造者那里得来的力推动另一个台球，而说神自己通过一种特殊的意志来推动第二个台球——由于神在管理宇宙时向自己颁布的那些普遍法则，第一个球的撞击使神自己决定这样做。不过，继续推进其研究的哲学家们发现，正如我们完全不知道物体相互作用所依赖的力量，我们同样不知道心灵对身体或者身体对心灵的作用所依赖的力量，而且，无论是通过感官还是通过意识，我们都无法做到这一点，即确定一种情况下的终极原理而不确定另一种情况下的终极原理。因此，同样的无知使他们得出了同样的结论。他们主张，神是灵魂和身体结合的直接原因；而且，不是感觉器官在外部对象的刺激下在心灵中产生了感觉，而是我们全能的造物主的特殊意志，引起了感官中的那样一种运动，从而激起了那样一种感觉。同样，不是意志中的任何能量造成了我们肢体的局部运动：是上帝自己乐于附和（second）我们的意志（这意志就自身而言是无能的），乐于掌控我们错误地归之于我们自己的力量和效能（efficacy）的那种运动。哲学家们也不会止步于这一结论。他们有时会把同样的推论延伸到心灵本身的内在活动上。我们观念的心灵影像（mental vision）或概念不过是造物主给我们的启示。当我们自觉地将思想转向任何对象，并在想象中唤起它的意象时，创造这个观念的不是意志：是普遍的造物主向心灵显示它，使它向我们呈现。

于是，这些哲学家认为，万物都充满了上帝。

他们不满足于这样的原理，即任何事物的存在都是出于神的意志，任何事物的力量都是出于神的许可，于是，他们剥夺自然以及一切被造物的所有力量，以使它们对神的依赖更明显、更直接。他们没有考虑到，通过这一理论，他们非但没有增加，反而削弱了他们极力颂扬的那些属性的伟大。神把一定程度的权力下放给低等被造物，肯定比他凭借自己的直接意志创造万物更有力量。如果伟大的造物主一开始就以如此完美的远见设计了世界的结构，以至于这个世界结构自身凭借它合适的运作就可以达到神意（providence）的所有目的，那这要比伟大的造物主每时每刻都要调整它的部分，并通过他的呼吸来驱动那台巨大机器的轮子更有智慧。

但是，如果我们想对这一理论作出更哲学的反驳，也许以下两个反思就足够了。

第一，在我看来，这种关于至上存在的普遍能量和活动的理论过于大胆，以至于永远不能让一个充分认识到人类理性的弱点以及人类理性在其所有活动中的狭隘范围的人信服。尽管通达它的论证系列非常合乎逻辑，但当它导致了如此不同寻常、如此远离日常生活和经验的结论时，我们一定会产生一种强烈的怀疑——如果不是绝对的确信的话，即它已经使我们超出了我们的能力范围。我们还没到达我们理论的最后几步，就已经进入了仙境；在那里，我们没有理由相信我们通常的论证方法，也没有理由认为我们常用的类比和或然论证（probabilities）有任何权威。我们的绳索太短，无法测量如此巨大的深渊。无论我们如何自以为是地认为，我们的每一步都为一种貌似真实的东西（verisimilitude）和经验所指导，我们都可以相信，当把这种想象的经验应用于完全超出经验范围的主题时，它就不具有权威了。关于这一点，我们以后有机会再谈。①

第二，我看不出这一理论所依据的论证有任何力量。确实，我们对物体相互作用的方式一无所知：它们的力量或能量是完全不可理解的，但是，我们不是同样不知道心灵——哪怕是至上心灵——借以作用于它自身或身体的方式或力量吗？我请问你们，我们从哪里获得它的任何观念？我们对自己身上的

---

① 第十二章。

这种力量毫无感觉（sentiment）或意识。除了从对自身能力的反思中了解到的东西，我们没有至上存在的观念。因此，如果我们的无知是拒斥任何事物的充分理由，那么我们就会陷入否认至上存在以及最粗糙物质中的一切能力的原理之中。确实，我们对两者活动的理解一样少。设想运动产生于推力比设想它产生于意志更难吗？我们所知道的，只是我们在两种情况下的深刻无知。①

---

① 我无需详细检查在新哲学中大量谈论的、被归于物质的惯性（vis inertiae）。我们通过经验发现，一个静止或运动的物体，永远保持着它现在的状态，直到有某个新的原因让它摆脱了那种状态；而且，一个被推动的物体从推动它的物体那里获得的运动与它自身获得的运动一样多。这些都是事实。当我们把这称为惯性时，我们只是标记了这些事实，而不妄称具有这种惰性力（inert power）的任何观念；同样，当我们在谈论引力时，我们指的是某些结果，而非理解了那种起作用（active）的能力。艾萨克·牛顿爵士的意思绝不是要剥夺第二原因的一切力量或能量；尽管他的一些追随者试图把这个理论建立在他的权威之上。相反，这位伟大的哲学家曾求助于以太的活性（active）流体来解释他的万有引力；尽管他是如此谨慎而谦虚，以至于承认这仅仅是一个假设，在没有更多实验的情况下就不应该坚持。我必须承认，各种意见的命运有些不同寻常。笛卡尔暗示了神普遍的、独一无二的效能（efficacy）的学说，但不坚持它。马勒伯朗士和其他笛卡尔派则使它成为他们全部哲学的基础。不过，它在英格兰没有权威。洛克、克拉克（Clarke）、卡德沃思（Cudworth）甚至从未注意到它，而是一直假定，物质具有实在的——尽管是从属和派生的——能力。它怎么就在我们现代形而上学家之间变得如此流行了呢？

第二节

但是，我们必须尽快结束这一论证，因为这一论证已经拖得太长了：我们已经在我们认为可能产生能力或必然联结的观念的所有来源中徒劳地寻找它。看来，在物体作用的单一事例中，我们通过我们最严苛的检查也无法发现任何事物，只能发现一事件跟随着另一事件，而无法理解使原因起作用的任何力量或能力，也无法理解原因与它的假定结果之间的任何联结。在打量心灵对身体的作用时，也会出现同样的困难；在那里，我们看到后者的运动跟随着前者的意志而来，却无法看到或设想把运动和意志结合起来的纽带，或使心灵产生这一结果的能量。意志对于自身能力和观念的权威同样难以理解。因此，总的来说，在整个自然中，没有任何一个联结的例子是我们所能设想的。所有的事件似乎都是完全松散和分离的。一事件跟随着另一事件；但我们从未发现它们之间有任何纽带。它们似乎是会合着的（conjoined），但绝不是联结着的（connected）。既然我们对从未向我们的外部感官或内在情感呈现的事物不可能有任何观念，那么必然的结论似乎是：我们根本没有联结或能力的观念，而且，这些词无论被运用于哲学推理还是被运用于日常生活，都是绝对没有任何意义的。

但是，仍然有一个方法可以避免这个结论，因为还有一个来源我们尚未检查。当任何自然对象或事件出现时，我们不可能在没有经验的情况下，凭借任何聪慧或洞察力发现乃至猜测它将引起什么事件，或者凭着我们的先见超出直接呈现于我们的记忆和感官的对象。即使在我们看到一特殊事件跟随着另一特殊事件而来的一个事例或实验之后，我们也无权形成一个普遍规则，或预言在类似情形下会发生什么；根据单一实验（不管有多精确或确定）来判断整个自然进程，被正当地认为是不可原谅的轻率行为。但是，当一类特殊事件在所有情况下总是与另一类特殊事件相会合时，只要其中一类事件出现，我们就毫不犹豫地预见另一类事件，并毫不犹豫地使用那个唯一能使我们确信任何事实或存在的推理。于是，我们把一个对象称为原因；把另一个对象称为结果。我们假设在它们之间存在着某种联结；在一个对象中有某种力量——通过这种力量，这个对象不可避免地产生另一对象，并以最大的确定性和最强的必然性起作用。

由此看来，事件之间必然联结的这种观念，产生于这些事件恒常会合的许多相似事例；这些事例中的任何一个，从所有可能的角度和立场来看，都不可能产生这个观念。但在众多的事例中，没有什么东西不同于每一个被认为完全相似的单一事例；唯一的例外是，在相似事例的重复之后，一个事件一出现，习惯就驱使心灵期待它的通常伴随物，并相信后者将存在。因此，我们在心灵中感受到的这种联结，想象从一个对象到它的通常伴随物的这种习惯性转移，就是我们借以形成能力或必然联结的观念的情感或印象。在这种情况下再没有别的东西了。从各方面打量这个主题；你绝不会发现那个观念的任何其他来源。这是一个事例（我们绝不能从中得到联结观念）和（产生了它的）许多相似事例之间的唯一区别。一个人第一次看到由冲撞引起的运动传递，如两个台球的撞击所引起的运动传递，他不能说一事件与另一事件相联结，而只能说它们相会合。在观察了具有这种本性的若干事例之后，他就宣称它们是联结着的。到底发生了什么变化，导致了这个新的联结观念的产生呢？无非是他现在感受到这些事件在他想象中是联结着的，并且可以轻易地从一个事件的出现预见另一个事件的存在。因此，当我们说一个对象与另一个对象相联结时，我们只是说它们在我们的思想中获得了联结，并产生了它们用来证明彼此存在的那个推论：这个结论有点不同寻常，但似乎有充分的证据。它的证据也不会因为人们对理智的普遍怀疑，或对每一个新奇和不同寻常的结论的怀疑主义怀疑而被削弱。没有什么结论比那些发现人类理性和能力的缺陷和狭隘界限的结论更与怀疑主义一致的了。

还有什么比现在这个例子更能说明理智让人吃惊的无知和缺陷呢？因为，可以肯定的是，如果说对象之间有什么关系需要我们完全认识，那它肯定就是因果关系。我们关于事实或存在的一切推理都建立在这一关系之上。唯有凭借它，我们才能确信远离我们记忆或感官的当下证据的对象。一切科学的唯一直接用处（utility），就是教导我们如何通过其原因来控制和调节将来的事件。因此，我们每时每刻都在思考和研究这一关系。然而，除了从与它无关、外在于它的事物中得出的东西之外，我们对于它所形成的观念如此不完善，以至于不可能给出原因的任何恰当定义。相似的对象总是同相似的对象相会合。我们对此有经验。因此，根据这一经验，我们可以把原因定义为一个对象，这个对象之后紧跟着另一对象，而且，在那里，与第一个对象相似的所有对象之后都紧跟着与第二个对象相似的对象。

或者换句话说，在那里，如果第一个对象不存在，那么第二个对象决不存在。一个原因的出现总是通过一种习惯性转移，把心灵引向结果的观念。我们对此也有经验。因此，根据这一经验，我们可以形成原因的另一定义，称它为"一个为另一对象所跟随的对象"，并且它的出现总是将思想引向另一个对象。尽管这两个定义都是从外在于原因的条件中得出的，我们却无法弥补这一不便，也无法获得任何更完善的定义，来指出原因中使它与其结果相联结的那个条件。我们对这一联结没有观念，甚至当我们努力设想它时，我们对于我们想要知道的是什么也没有任何模糊的概念。例如，我们说这根弦的振动是这种特殊声音的原因。但是，我们这样说的意思是什么呢？我们的意思要么是说，这个振动之后是这种声音，并且所有相似的振动之后都有相似的声音；要么是说，这个振动之后是这种声音，并且一者一出现，心灵就先于感官起作用，立即形成了另一者的观念。我们可以从这两个角度中的任何一个来考虑因果关系；但除此之外，我们对它没有观念。①

　　因此，我们来回顾一下本章的推理：每一个观念都复制于之前的某个印象或情感；在找不到任何印象的地方，我们就肯定没有观念。在物体或心灵运作的所有单一事例中，任何东西都无法产生能力

---

① 根据这些解释和定义，力量观念和原因观念一样，都是相对的；两者都与结果或与原因恒常会合的某个其他事件相关。当我们考虑一个对象的未知条件（circumstance）——通过这个未知条件，它的结果的程度或量得以确定和决定——时，我们就把这个未知条件称为它的力量；因此，所有哲学家都同意，结果是力量的尺度。但是，如果他们具有任何自在的力量的观念，他们为什么不能测量力量自身呢？人们争论，运动物体的力（force）等于它的速度，还是等于它的速度的平方；我说，这个争论无需通过比较它在相等或不相等的时间内的结果来裁决；而只需通过直接的测量和比较来裁决。至于在日常对话和哲学中随处可见的"力""力量""能量"等词的频繁使用；这并不能证明，我们在任何情况下都了解原因和结果之间的联结原理，或能最终说明一事物对另一事物的产生。这些词在平常的使用中被附加了非常不严格的意义；而它们的观念是非常不确定和含混的。动物在没有奋力的感觉时无法推动外部物体；每一个动物在受到运动的外部对象的击打时，都会有一种感觉。这些感觉仅仅是动物的，我们无法先验地从它们中引出任何推论，却很容易将它们转移到无生命的对象上，并假设每当这些对象转移或接受运动时，它们就会有一些这样的感受。至于被施加的能量（energies），我们若不把任何被传递的运动的观念附加给它们，我们就只是考虑事件恒常的经验性会合；既然我们感受到了观念间的惯常联结，我们就把这种感受转移到对象上；因为没有什么比把外部物体引起的每一种内在感觉应用于外部物体更平常的了。【此脚注添加于1750年，扩充于1756年。

或必然联结的任何印象，因而也无法产生它的任何观念。但是，当许多一致的事例出现，并且相同的对象总是为相同的事件所伴随时，我们就开始产生原因和联结的概念。这时，我们就会感受到一种新的情感或印象，也就是一个对象和它的通常伴随物在思想或想象中的习惯性联结；而这种情感就是我们所寻找的那个观念的来源。因为既然这个观念产生于许多的相似事例，而不产生于任何单一事例，那么它必定产生于把许多事例和每个单一事例区别开来的那个条件。但是，想象的这种习惯性联结或转移就是把它们区别开来的唯一条件。在任何其他方面，它们都是一样的。我们所看到的被两个台球的撞击所传递的运动（回到这个明显的例证）的第一个事例，与我们现在可能想到的任何事例都是完全相似的；唯一的例外是，我们最初并不能从一个事件推断另一个事件；而经过这么长时间的相同经验的积累后，我们现在就能够那样做了。我不知道读者能否无困难地理解这个推理。我担心，如果我再多谈下去，或者再从更多的角度去阐明它，它只

会变得更晦涩、更复杂。在所有的抽象推理中，都
有一个角度（point of view），如果我们能幸运地碰
上，那么我们在阐明这个主题的事情上比世界上的
所有雄辩和丰富表达都更进一步。我们应当努力达
到那个角度，而把修辞之花留给更适合于它们的
主题。

第八章
论自由和必然

第一节

在自科学和哲学诞生之初人们就热衷于探讨和争论的那些问题中，人们可以合理地期待，至少在争论者之间，所有术语的含义应该已经达成一致；在两千年的时间里，我们的研究应当能够从文字转向真正而实在的争论主题。因为，给推理中所使用的术语下精确的定义，并使这些定义（而不是单纯的文字发音），成为将来检查和考察的对象，看起来多么容易啊！但是，我们如果更仔细地考虑这件事，很可能会得出一个截然相反的结论。仅从这一情况来看，即争论已持续了很长时间，而且至今仍没有定论，我们可以推测，人们在表述上存在着某种含混不清，争论者给争论中所使用的术语赋予了不同的观念。因为既然人们认为每个人的心灵能力天生都是一样的，否则没有什么比一起推理或争论更无益的了；那么，人们如果给他们的术语赋予相同的观念，就不可能在那样长的时间里对相同的主题形成不同的意见；当他们交流观点，各派从各个方面寻找可能使他们战胜对手的论证时，尤其如此。的确，如果人们试图讨论完全超出人类能力范围的问题，诸如有关世界的起源、理智体系或者精神（spirits）领域的结构的问题，他们就可能长期在徒劳的争论中白费力气，永远也得不出任何确定的结论。但是，如果问题涉及任何日常生活和经验的主题，人们就会认为，除了一些含糊不清的表达——这些表达让对立双方保持距离——阻碍他们相互搏斗，没有什么能让争论如此长久地悬而未决。

在关于自由和必然这个争论已久的问题上，情况就是如此；而且达到了如此明显的程度，以至于如果我没有弄错的话，在这个问题上，全人类——无论是有学问的还是没有学问的——总是意见一致，而且，用几个可理解的定义就可以立即结束整个争论。我承认，这场争论从各方面得到了如此多的讨论，并把哲学家们带入了这样一个晦涩诡辩的迷宫，以至于如果一个明智的读者放任自己，对这样一个既不能给他带来启发也不能给他带来娱乐的问题充耳不闻，那也不足为奇。不过，这里所提出的论证形态（state）也许可以重新引起他的注意；因为它更有新意，至少承诺对争论作出某种裁决，并且不会因为任何复杂或晦涩的推理而过多妨碍他的安适自在。

因此，我希望让大家明白，根据能够加在必然和自由这两个词上的任何合理的含义，所有人在必然和自由的学说上都是一致的；而且整个争论迄今为止都只聚集于文字。我们将首先检查必然学说。

人们普遍同意，物质的一切活动都是由一种必然的力量驱动的，而且每一种自然的结果都由其原因的能量如此精确地决定，以至于在那样一些特殊情况下，它不可能产生任何其他结果。每一个运动的程度和方向都被自然法则如此精确地规定，以至于只要两物体的撞击不产生它实际产生的那种程度或方向的运动，那么这就和它产生一个生物一样荒谬。因此，要形成一个恰当而精确的必然观念，我们必须考虑当我们把那个观念运用于物体的活动时，它是从哪里来的。

似乎很明显，如果一切自然景象都以如此方式持续变化，以至于任何两个事件都不是彼此相似的，而是每一个对象都是全新的，与之前所见过的任何对象都没有相似之处，那么在那种情况下，我们绝不能得到任何的必然观念或这些对象之间联结的观念。基于这样一个假设，我们可以说一对象或事件跟随着另一对象或事件，但不可以说，一对象或事件为另一对象或事件所产生。人类对因果关系一定是一无所知的。从那时起，关于自然活动的推论和推理就终结了；记忆和感官仍然是关于任何实在存在的知识可能借以进入心灵的唯一通道。因此，我们的必然性和因果性观念完全来自在自然活动中可观察到的那种一致性——在这里，相似对象恒常会合在一起，而心灵被习惯决定从一对象的出现推断另一对象。这两个情节构成了我们归于物质的那种必然性的全部。除了相似对象的恒常会合，以及随之而来的从一对象到另一对象的推论，我们没有任何必然性或联结的概念。

因此，如果全人类都毫不犹豫地承认，这两个情节出现在人的自觉行为和心灵活动中；那么，全人类在必然性学说上必然是一致的，而他们迄今为止的争论，仅仅是因为不理解对方。

至于第一个情节，即相似事件的恒常和有规律的会合，我们可以通过如下考虑来满足自己。人们普遍承认，在所有的国家和年代，人们的行为之间都有很大的一致性，而且人性在其原理和作用中始终是一样的。相同的动机总会产生相同的行为：相同的事件产生于相同的原因。野心、贪婪、自爱、虚荣、友谊、慷慨、公益精神；这些情感以不同的程度混合在一起，分布在社会的各个角落，它们从世界之初就一直是、现在仍然是人类有史以来所有行动和事业的源泉。你想知道希腊人和罗马人的情感、倾向和生活轨迹吗？好好研究一下法国人和英国人的脾性和行为吧：把对后者的大部分观察搬到前者身上，你不会有大的过错。人类在一切时空中如此相同，以至于历史在这方面没有告诉我们什么新鲜或奇怪的东西。历史的主要用途，只是通过展示各种环境和状况下的人，并给我们提供材料，使我们可以据此形成我们的观察，熟悉人类活动和行为的一般源泉，从而揭示人性恒常而普遍的原理。那些关于战争、阴谋、党争和革命的记录是许多实验的集合，政治家或道德哲学家通过这些实验确定了他的科学原理，就好比医生或自然哲学家通过对植物、矿物和其他外部对象所做的实验，来了解它们的本性。亚里士多德和希波克拉底（Hippocrates）所研究的土、水和其他元素与我们现在所观察到的，并不比波利比乌斯（Polybius）和塔西陀（Tacitus）所描述的人与现在统治世界的人更相似。

如果一个旅行者从一个遥远的国度归来，给我们讲述的人与我们所熟悉的人完全不同；这些人完全没有贪婪、野心和报复心；除了友谊、慷慨和公共精神之外，他们不知道任何其他乐事；那么，我们应该立即从这些情节中觉察到虚假，并能确定证明他是个骗子——和他在讲述中塞满半人半马和龙的故事、神迹（miracles）和奇迹（prodigies）时一样确定。如果我们要戳穿历史中的任何造假行为，最有说服力的论据莫过于证明，某人的行为直接违背了自然的进程，并且在这些情况下，任何人类动机都不可能诱使他做出这种行为。昆图斯·库尔提乌斯（Quintus Curtius）在描述亚历山大凭借超自然的勇气单枪匹马攻击众人时的诚实，和他在描述自己凭借超自然的力量和敏捷抵御众人时的诚实一样可疑。我们如此轻易和普遍地承认人类动机和行为中的一致性，以及物体活动中的一致性。

我们在长期生活与各种事务和交际中获得的那种经验，可以教导我们人性的原理，调节我们未来的行为和思辨。通过这种指导，我们从人们的行动、表情乃至手势，上升到对其倾向和动机的认识；再从我们对其倾向和动机的认识，下降到对其行动的解释。从一段经验中所积攒起来的一般观察，为我们提供了人性的线索，教我们解开其中的奥秘。借口和表象不再欺骗我们。公开的声明被看作对事业华而不实的修饰。虽然德性和荣誉被赋予了应有的分量和权威，但是，人们从不期待经常被假装出来的那种完全无私在大众和党派中出现，也很少期待它在他们的领袖中出现，甚至几乎不期待它在任何有身份或地位的个人身上出现。但是，如果人类的行为没有一致性，如果我们所能形成的每一个实验都是不规律的、反常的，那么我们就不可能收集任何有关人类的普遍观察，任何经验——无论如何为反思所精确地理解——都不会有任何作用。为什么年老的农夫比年轻的新手更善于从事他的耕作，不就是因为阳光、雨水、土地对作物产量的影响有某种一致性吗？不就是因为经验把支配和指导那种影响的规则教给年老的从业者了吗？

然而，我们决不能期望人类行动的这种一致性会达到这样的程度，即所有人在相同的情况下将总是以完全相同的方式行事，而不允许性格、偏见、意见的多样性。这种方方面面的一致性在自然的任何部分中都找不到。相反，通过对不同人的不同行为的观察，我们能够形成更不同的原则（maxims）——这些原则仍设定了某种程度的一致性和规律性。

人的生活方式在不同的时代和国家是不同的吗？在这里我们认识到了习惯和教育的巨大力量，它们从人的婴儿期就开始塑造人类心灵，让它形成牢固而确定的性格。两种性别的行为和举止是非常不相同的吗？正是从这里，我们认识到了自然赋予两种性别的不同性格，也是自然恒常地、一致地保持的不同性格。同一个人从幼年到老年的不同时期，其行为是千差万别的吗？这就为我们提供了一个空间，让我们对情感和倾向的逐渐变化以及人类不同阶段的不同原则有许多普遍性的观察。即使是每个人所特有的性格，在其作用中也具有一致性；否则，我们对这些人的了解以及对其行为的观察，绝不会把他们的性情教给我们，也不会指导我们对他们的行为。

我承认可以找到一些行为，它们似乎与任何已知的动机都没有恒常的联结，而且是有史以来为管理人类而制定的行为尺度的例外。但是，如果我们想要知道应该对这样不规律、非同寻常的行为形成什么样的判断，那么，我们就可以考虑一下人们对在自然的进程和外部对象的作用中出现的那些不规律事件通常持有的看法。所有的原因都不以相同的一致性与其通常的结果相会合。一个只处理无生命物质的技工，可能会对自己的目的感到失望，但引导明智和理智主体（agents）行为的政治家同样会如此。

普通人根据事物的最初表象看待事物，把事件的不确定性归于原因中的不确定性——这种不确定性经常使原因无法发挥其通常的作用；尽管原因在其活动中没有遇到任何阻碍。然而，哲学家们看到，自然的几乎每一个部分中都包含着由于细微或遥远而隐藏着的各种源动力（springs）和原理，于是就发现，相反的事件至少有可能不是源于原因中的任何偶然性，而是源于相反原因的秘密作用。当他们在精确的检查之后注意到，相反的结果总是显示出相反的原因，并且源于原因的彼此对立时，这种可能性就由于进一步的观察变成了确定性。一个农民对于钟或表的停止，除了说它通常就走不对之外，给不出更好的理由，但一个技师会很容易发现，弹簧或钟摆中的相同力量对轮子的作用总是相同的；而现在未能产生它的通常结果，也许是因为一粒灰尘的缘故，是它让整个运动停止了。通过对若干相似事例的观察，哲学家形成了一个原则：所有的原因和结果之间的联结都是同等必然的，它在一些情况下的表面不确定性来自相反原因的隐秘对立。

例如在人体中，当健康或疾病的通常症状使我们的预期落空时，当药物没有发挥其通常的功效时，当任何特殊原因导致不规则事件发生时，哲学家和医生都不会对此感到惊讶，也不会被诱导去一概否认动物组织所遵循的那些原理的必然性和一致性。他们知道人体是一个巨大的复杂机器：它潜藏着许多我们完全无法理解的隐秘力量。对我们来说，它的运作经常会显得非常不确定，因此，从在外表上显得不规则的事件中并不能得出，自然法则在其内在的运作和管理中没有得到最严格的遵守。

哲学家（如果是一贯的）必须将同样的推理应用于理智主体的行动和意志。了解人们的性格和处境的每一个具体情况的人，常常可以解释他们最不规则和最出人意料的决定。一个乐于助人的人给予了一个怒气冲冲的回答，可能他只是牙疼，或者没有吃饭。一个迟钝的同伴在其举止（carriage）上表现出异常的敏捷，可能他只是突然遇到了好运。乃至当一种行为——正如有时发生的那样——既不能得到行为者自己也不能得到其他人的具体解释时，我们大体上知道，人的性格在某种程度上是不恒常和不规则的。在某种意义上，这就是人性的恒常特征；尽管在某种更特殊的意义上，它也适用于这样一些人：他们的行为没有固定的规则，他们行进在总是变化无常和多变的道路上。尽管有这些看似不规则的现象，但内在的原理和动机却一致地起作用；就像风、雨、云以及其他的天气变化被认为是由稳定的原理所支配一样；尽管人类的聪慧和研究要发现这些原理并不容易。

这样看来，不仅动机和自觉行为之间的会合，是与自然的任何部分中的原因和结果之间的会合一样有规则的、一致的，而且这种有规则的会合已得到人类的普遍承认，无论是在哲学中还是在日常生活中都从未引起过争论。如今，由于我们是从过去的经验中得出所有关于未来的推论的，并且由于我们得出结论说，我们发现过去总是相会合的对象将总是会合在一起；因此，证明在人类行为中所经验到的这种一致性是我们借以对它们作出推论的根源，看来是多余的。但为了从更多的角度阐明这个论证，我们还是将对这后一论题（尽管只是简要地）穷追不舍。

在所有的社会中，人与人之间的相互依赖如此巨大，以至于几乎没有人类活动本身是完全圆满的（complete），或者在实施时不涉及其他人的行为（这些行为对于充分实现行为者的意图是必需的）。独自劳动的最穷技工也至少期望得到地方官的保护，以确保他能享有他的劳动成果。他还期望，当他把自己的货物运到市场，并以合理的价格出售时，他能找到买主，并能用他获得的钱，聘请他人为自己提供维持生计所必需的货物。随着人们的交易日渐扩大，与他人的交往日益复杂，他们总是把他人更多样的自觉行为——他们出于合适的动机期望这些行为与他们自己的行为相配合——纳入他们的生活计划中。在所有这些结论中，他们都是从过去的经验中获得其标准的，这和他们对外部对象的推理是一样的；他们坚信，人以及所有的元素，在其活动中都将保持以往的状态。一个工场主在完成任何工作时，对仆人劳动的依赖不亚于对他所使用的工具的依赖，并且，如果他的期望落空，他同样会感到惊讶。总之，对他人行为的这种经验推论和推理在人类生活中如此重要，以至于清醒的人没有一刻不使用它。因此，难道我们没有理由断言，根据前文对必然性的定义和解释，全人类在必然性学说上总是一致的吗？

在这一点上，哲学家们也从未有过与人们不同的意见。因为，且不说他们生活中的几乎每一个行动都以那个意见为前提，它甚至对于学问的思辨部分也是必不可少的。如果我们不根据我们对于人类所具有的经验信任历史学家的诚实，那么历史会变成什么样子呢？如果政府的法律和形式对社会没有一致的影响，那么政治学又怎么会是一门科学呢？如果特定的性格没有一定或确定的力量产生特定的情感，如果这些情感对行为没有恒常的作用，那么，道德的基础又在哪里呢？如果我们不能断言任何诗人或文雅作家的人物角色的行为和情感，对于这样的性格和这样的环境是自然的还是不自然的，那么，我们还能以什么借口来批评他呢？由此看来，不承认必然性学说，不承认这种从动机到自觉行为、从性格到行为的推论，从事任何科学或行动都是几乎不可能的。

事实上，当我们考虑到自然证据和道德证据是如何恰如其分地被串连在一起，并只形成一个论证系列时，我们就会毫不犹豫地承认，它们具有相同的本性，并源于同一原理。一个无钱无势的囚犯如果考虑到看守的顽固和他周围的高墙铁栅，他就会发现自己不可能逃脱；并且，在为获得自由而做的一切尝试中，他宁可对后者的石头和铁下功夫，也不愿对前者的顽固本性下功夫。这个囚犯被押上绞刑架时，他预见到自己的死亡肯定来自看守的坚定和忠诚，就像来自斧头或机轮的运作一样。他的心灵穿过一定的观念系列：士兵不同意他逃跑，行刑者的行动，头和身体的分离，流血、痉挛和死亡。这里有一个自然原因和自觉行为相联结的链条；而心灵在从一个环节过渡到另一个环节的过程中，感受不到它们之间的区别：心灵对未来事件的确信也不比如下情况少，即未来事件通过一串由我们所乐于称作自然（physical）必然性的东西粘合起来的原因，与呈现于记忆或感官的对象相联结。这种经验中的结合对心灵有相同的作用，不论被结合的对象是动机、意志和行动，还是形体（figure）和运动。我们可以改变事物的名称，但它们的本性以及对理智的作用永远不会改变。

如果有一个人，我知道他是个诚实而富有的人，而且与我有着亲密的友谊，他来到我家里，此时我的仆人们都在，并且都围在我身边，那么我相信他不会在离开我家之前用刀刺我，以便抢走我的银质墨水台；我不会对此事起疑心，正如我不会对这幢崭新的、牢固地建造和奠基的房屋自身的倒塌起疑心。——但是，他可能被一种突如其来的、未知的疯狂所控制；同样，也可能会突然发生地震，把我的房子震得东倒西歪。因此，我将改变假设。我会说，我确定地知道他不会把手伸进火里，一直到手被烧毁；我认为我可以有把握地预言这事件，正如我可以同样有把握地预言，如果他跳到窗外，没有遇到任何阻碍，那么他一刻也不会在空中停留。对未知疯狂的疑心也不会给前一事件带来丝毫可能性，因为它与所有已知的人性原理背道而驰。一个人如果在中午把装满金子的钱包遗落在查令十字街（Charing Cross）的人行道上，那么他期待一小时后会发现它原封不动，就如同他期待它会像羽毛一样飞走。人类一半以上的推理都包含本性相似的推论——与我们对人类在这些特殊情况下的通常行为的经验相应，这些推论具有或多或少的确定性。

　　我经常在想，全人类虽然在其全部实践和推理中毫不犹豫地承认了必然性学说，却非常不情愿在言语上承认它，而毋宁说在一切时代都表现出信奉相反意见的倾向来，这件事可能的原因是什么？我认为，这件事可以用如下方式来解释。如果我们检查一下物体的作用以及从原因到结果的产生过程，我们就会发现，我们的所有能力都无法使我们更深入地认识这一关系，只能勉强观察到特殊的对象恒常地会合在一起，而一种习惯性的转移把心灵从一对象的出现带到对另一对象的信念上。尽管这个人类无知的结论是对这个主题进行最严格研究的结果，但是人们仍然有一种强烈的倾向，相信他们能够更深入地洞察自然的力量，并在原因和结果之间觉察到某种类似于必然联结的东西。当他们再次把反思转向自己的心灵活动，却没有感觉到动机和行为之间的这种联结时，他们就容易设定，物质力量产生的结果不同于思想和理智产生的结果。但是，一旦我们确信，除了对象的恒常会合，以及随之而来的心灵从一对象到另一对象的推论之外，我们对于任何种类的因果性都一无所知，一旦发现人们普遍同意这两个情节存在于自觉行为中，我们就更容易承认，一切原因的必然性都是同一的。尽管这一推理可能与许多哲学家把必然性归于意志的决断（determinations）的体系相抵触，但经过反思我们会发现，哲学家们只是在言语上，不是在其真实观点上不同意它。按照这里的意义，必然性从未被任何哲学家拒斥过，我认为也永远不会被任何哲学家所拒斥。他们也许只是声称（pretend），心灵可以在物质的作用中知觉到因果之间的某种更深的联结，而这种联结在理智存在者的自觉行为中是不存在的。至于是不是这样，只有经过研究才能知道，而这些哲学家有责任通过界定或描述这种必然性，并在物质原因的作用中向我们指出这种必然性，来证明他们的论断是正确的。

实际上，当人们通过研究灵魂的能力、理智的作用和意志的运作来探讨自然和必然性的问题时，他们似乎是从这个问题的错误一端开始的。让他们首先讨论一个更简单的问题，即物体和无情的（brute）、无理智的物质的作用；并看看除了对象的恒常会合的观念，以及随后心灵从一对象到另一对象的推论之外，他们能否在那里形成任何因果性和必然性的观念。如果这些情节实际上构成了我们在物质中所设想的那种必然性的全部，如果这些情节也被普遍承认发生在心灵的活动中，那么争论就结束了；至少，必须承认从今以后争论只是文字上的。但是，只要轻率地假设，我们对外部对象的活动中的必然性和因果性有某种其他（farther）观念；同时，我们在心灵的自觉活动中又找不到任何其他东西，那么当我们在一个如此错误的假设之上继续前进时，就不可能把这个问题引向任何确定的结果（issue）。使我们不受骗的唯一方法就是上升到更高的地方，检查科学在应用于物质原因时的狭窄范围，并使我们确信，我们对于物质原因所知道的一切，就是上述的恒常会合和推论。我们也许会发现，我们很难被诱导将人类的理智限定在如此狭窄的范围内：但是，当我们后来转而把这个学说应用于意志行动时，就不会感到困难了。因为，既然这些行动与动机、环境和性格显然经常相会合，既然我们总是从一个推论另一个，那么我们就必须在言语上承认一种必然性，这种必然性是我们在生活的每一次自觉行为（deliberation）中，在我们的每一步行为和举止中都已经公开承认了的。①

---

① 自由学说的流行还可以从另一原因来解释，即我们在许多行动中对自由或中立所具有或可能具有的表面经验的虚假感觉。任何行动——不论是物质的还是心灵的——的必然性，恰当地说，都不是行动者（agent）的性质，而是可以考虑那个行动的任何思想性或理智的存在者的性质；并且它主要在于他的思想从某些在先的对象推论那个行动存在的决断（determination）；因为与必然性相对的自由不是别的，只是那种决断的缺乏，以及我们在从一对象的观念转移或不转移到任何接续对象的观念时所感受到的某种随意或中立。现在我们可以看到，虽然在对人类行动的反思中，我们很少感受到这种随意或中立，而是通常能够相当确定地从这些行动的动机以及行动者的性情中推论出它们来；但经常发生的是，在实施这些行动本身时，我们会意识到某种与它相似的东西：而且由于一切相似的对象都很容易被彼此混淆，这就被用作人类自由的理证的，甚至直观的证明。我们感受到，我们的行动在大多数情况下都受制于我们的意志；我们还想象自己感受到，意志本身不受制于任何东西，因为当我们由于意志被否认而被激发去试一下时，我们感到它很容易随意动起来，并在它没有决定（settle）的那方面产生它自身的意象（或学院中所说的"单纯愿望"）。我们说服自己，这个意象或微弱的运动在当时是可以变成自由本身的；因为，如果这被否认，那么经过第二次试验，我们就会发现，它现在就可以了。我们并不认为，展示自由的古怪欲望在这里是我们行动的动机。而且似乎可以肯定的是，不论我们如何想象我们在自己身上感到自由，旁观者通常都能从我们的动机和性格中推论我们的行动；甚至在他不能作此推论的情况下，他也会一般地推断，如果他完全了解我们的处境和情绪的每一个细节，了解我们的性格（complexion）和性情最隐秘的源泉，那么他也可以作此推论。根据前面的学说，这就是必然性的本质。

但是，继续自由和必然性问题——这是形而上学这门最有争议的科学中最有争议的问题——的这个调解方案；不需要很多的言语就可以证明，全人类在自由学说和必然性学说上从来都是一致的，并且，在这方面的整个争论，迄今为止都只是文字上的。因为当自由被应用于自觉行为时，它的意思是什么？我们的意思肯定不是说，行为与动机、倾向和环境的联结如此之少，以至于一者不以某种程度的一致性产生于另一者，而且一者不提供我们借以推断另一者存在的推论。因为这些都是明显而公认的事实。因此，"自由"一词，我们只能用来指根据意志的决断行动或不行动的能力；也就是说，如果我们选择保持不动，我们就可以保持不动；如果我们选择动起来，我们也可以动起来。现在，这种假定的自由被普遍承认属于每一个不被囚禁和铁链捆住的人。因此，这里没有任何争论。

无论我们给自由下什么样的定义，我们都应该注意遵循两个必要条件：第一，它必须与明显的事实相一致；第二，它必须与自身相一致。如果我们遵循这两个条件，并使我们的定义可理解，那么我相信，全人类都会对它持一个意见。

人们普遍承认，任何事物存在都不能没有其存在的原因，而"偶然性"（chance）在严格意义上只是一个否定词，并不指在自然的任何地方存在的任何实在的力量。不过据称，有些原因是必然的，有些原因不是必然的。这就是定义的好处。让任何一个人给原因下定义，却不把它与其结果的必然联结作为定义的一部分包含在内；并让他清楚地说明那个定义所表达的那个观念的起源；我将很乐意放弃整个争论。但是，如果前面对这个问题的解释被接纳了，那么这是绝对不可行的。如果对象之间没有恒常的会合，我们就绝不会有任何因果关系的概念；而这种恒常的会合产生了一种理智的推论——这种推论是我们能够理解的唯一联结。不论谁试图给原因下定义，如果排除掉这些情节，那他就必须要么使用一些不可理解的术语，要么使用与他试图定义的术语同义的术语。① 如果上述定义被承认，那么，与必然相对（而非与约束相对）的自由，与人们普遍承认不存在的偶然性是一回事。

第二节

在哲学争论中，没有什么推理方法比假借任何假设对宗教和道德的危险后果来反驳这一假设更常见、也更该受指责的了。当任何意见导致了荒谬时，它当然是错误的；但不能因为一个意见有危险后果，就肯定它是错误的。因此，像这些无助于发现真理，只会让对手的人格变得可憎的主题，完全应该放弃。这是我大体上遵守的，我并不妄求从中得到任何好

---

① 因此，如果"原因"被定义为"产生任何东西的东西"；那就很容易看到，"产生"与"引起"（causing）是同义的。同样，如果"原因"被定义为"任何东西赖以存在的东西"，那么这也会遭到同样的反驳。因为"赖以"（by which）这个词是什么意思呢？如果有人说，原因是这样一个东西：另一个东西总是在它之后存在，那么我们也理解这些术语。因为这实际上就是我们对这件事所知道的一切。这种恒常性恰恰构成了必然性的本质，我们也没有它的任何其他观念。

处。我坦率地接受这种检查，并大胆断言，前面所解释的必然性和自由的学说不仅与道德一致，而且对于道德的维持是绝对必要的。

根据原因的两个定义——必然性构成了这两个定义的重要组成部分，必然性可以有两种定义。它要么在于相似对象的恒常会合，要么在于理智从一对象到另一对象的推论。如今，这两种意义上（其实本质上是一样的）的必然性在学院中、在教会讲坛上、在日常生活中，都已被普遍承认——尽管是默默地——属于人的意志；没有人妄图否认，我们可以对人类行为进行推论，而这些推论都建立在相似行为与相似动机、倾向、环境的经验结合之上。唯一可能不同的是，要么也许有人会拒绝把必然性的名称给予人类行为的这种属性：不过，只要这个意义得到了理解，我希望这个词不会造成任何伤害；要么他坚持认为有可能在物质的作用中发现更多的东西。但必须承认，这对于道德或宗教是无关紧要的，不管它对于自然哲学或形而上学有怎样的影响。我们在这里可能错误地断言了，在物体的活动中不存在任何其他必然性或联结的观念：但是，我们肯定只会把每个人所做的并且必定欣然容许的事情归于心灵的活动。我们没有改变意志的公认正统体系中的情节，而只是改变了物质性对象和原因的公认正统体系中的情节。因此，至少没有什么会比这一学说更无害。

一切法律都建立在奖惩的基础之上，因此如下一点就被设定为一个基本原理，即这些动机对心灵有一种恒常的、一致的作用，既能产生善的行为，又能阻止恶的行为。我们可以给这种作用起一个我们喜欢的名字；但是，由于它通常与行为相会合，它必须被视为一个原因，必须被看作是我们这里要确立的那种必然性的一个例子。

憎恨或报复的唯一合适对象就是禀有思想和意识的人或生物；当任何犯罪或伤害行为激起那种情感时，它也只是由那些行为与那个人的关系或联结所激起。行为就其本性而言是短暂的、消逝着的；如果行为不是出于行为者的性格和性情中的某个原因，那么，即使是善的，它们也不会给行为者带来荣誉；即使是恶的，它们也不会给行为者带来恶名。行为本身可能是该受指责的；它们可能违背了所有的道德和宗教规则：但行为者却不必对它们负责；并且既然它们并非源于他身上任何持久和恒常的东西，也没有在它们背后留下任何具有那种本性的东西，那么他就不可能因为它们而成为惩罚或报复的对象。因此，根据这一否认必然性，因而否认原因的原理，一个人在犯下最可怕的罪行之后，就会像他刚出生时一样纯洁无瑕，他的行为也丝毫不牵涉他的性格；因为他的行为不源于他的性格，一者的邪恶绝不能用来证明另一者的堕落。

人们不会因为自己在无知和无心的情况下所实施的行为而受到指责，不管它们会带来怎样的后果。为什么呢？只因为这些行为的原理是短暂的，并且就终止于这些行为。与深思熟虑的行为相比，人们对轻率和非预谋的行为的责备要少得多。这是什么原因呢？只因为轻率的脾性虽然是心灵中的一个恒常原因或原理，但它只是间歇地起作用，并且不会感染整体性格。另外，悔悟若能带来生活和行为方式的革新，那它就能洗刷每一个罪行。这该如何解释呢？只能说，行为之所以使人成为有罪的，只是因为它们是心灵中的犯罪原理的证据；而当这些原理发生变化，不再是合适的证据时，它们也就不再是有罪的了。但是，除非基于必然性学说，否则它们绝不是合适的证据，因而也绝不是有罪的。

同样容易证明并且来自同一论证的是，根据上述所有人都同意的定义，自由也是道德的基本要素，如果没有自由，人类行为不可能具有任何道德品质，也不可能成为赞同或厌恶的对象。行为之所以是我们道德情感的对象，只是因为它们是内在性格、情感（passions）和感情（affections）的表现；如果它们不源于这些原理而完全源于外部暴力，那么它们就不可能引起褒贬。

我并不以为已经避免或排除了对这一关于必然性和自由的理论的所有反驳。我可以预见到由这里尚未讨论的主题所引发的其他反驳。例如，有人可能会说，如果自觉行为与物质作用受制于相同的必然法则，那么就会有一串连续的必然原因——从万物的源始原因一直延伸到每个人的每个单一意志，这些原因都是预先被规定和决定好了的。宇宙的任何地方都没有偶然，没有中立，没有自由。我们既是行动的实施者，也是行动的承受者。我们所有意志的终极创造者就是世界的造物主——他最初将运动赋予这个巨大的机器，把一切存在置于那个特定的位置——随后出现的每一事件都由于一种不可避免的必然性，从他那里产生。因此，人类的行为要么根本不可能是道德败坏的，因为它们来自如此善的原因；要么，如果它们有任何的道德败坏，它们一定会让我们的造物主陷入相同的罪恶，因为他被承认是它们的终极原因和创造者。就像一个点燃烟花（mine）的人，无论他使用的导火线是长是短，他都要为一切后果负责；同样，无论在什么地方，只要有一串连续的必然原因，那么产生第一个原因的那个存在，无论是有限的还是无限的，都同样是所有其他原因的创造者，都必须既承担属于它们的责难，又获得属于它们的称赞。当我们检查任何人类行为的后果时，我们清晰而不可改变的道德观念会基于无可置疑的理由确立这一规则；而这些理由在被应用于一个具有无限智慧和力量的存在（Being）的意志和意图时，必定具有更大的力量。像人类这样有限的被造物可以以无知或无能为借口；但在我们的造物主那里，这些缺陷是不存在的。他预见、他安排、他意欲了我们如此草率地宣布为罪行的那些人类行为。因此我们必须得出这样的结论：要么它们不是罪行，要么应对它们负责的是神，而不是人。但是，既然这两个立场中有一个是荒谬和不虔诚的，那么结果就是，把它们演绎出来的那个学说不可能是正确的，因为会遭到同样的反对。荒谬的推论如果是必然的，那就证明了源始学说是荒谬的；同样，罪行证明源始原因是有罪的，只要它们之间的联结是必然和不可避免的。

这个反驳包含两个部分，我们将分别加以研究；首先，如果人类的行为可以通过一个必然的链条追溯到神，那么它们绝不能是罪行；因为产生它们的、只意欲完全善和值得称赞的东西的那个存在是无限完满的。或者其次，如果它们是罪行，那么我们就必须收回我们赋予神的完满属性，必须承认他是所有被造物的罪过和道德败坏的终极创造者。

对第一个反驳的回答似乎是明显和有说服力的。许多哲学家在精确检查了一切自然现象后得出结论说，被视为一个体系的整全（whole），在其存在的每一个时期，都是以完满的仁慈来安排的；而且，所有被造物最终都将获得最大可能的幸福，而不会夹杂任何积极或绝对的恶或痛苦。他们说，每一个自然的恶都是这一仁慈体系的重要组成部分，即使是被视为智慧主体的神自己，也不能在不引进它会产生的更大的恶或排除它会产生的更大的善的情况下消除它。从这一理论出发，有些哲学家，其中包括古代的斯多亚派，引出了一个在一切苦难之下的慰藉的论题，因为他们教导学生说，他们所蒙受的那些恶实际上是宇宙的善；而且从包含了整个自然体系的更广阔的视角看，每个事件都成了喜悦和狂喜的对象。尽管这个论题看起来悦目而崇高，但在实践中很快就被发现是软弱无力和徒劳无益的。如果你向一个遭受痛风剧烈疼痛的人，鼓吹在他身体中产生恶性体液、引导这些体液通过合适的通道到达肌肉和神经（如今这些体液在这里引起了如此剧烈的痛苦）的那些普遍法则的正直（rectitude），那么你肯定会激怒他，而不是抚慰他。这些更广阔的视角可能会一时取悦处于自在和放松状态的思辨者的想象；但它们不能持久地逗留在他的心灵中，哪怕他的心灵没有受到痛苦的情绪（emotions）或激情（passions）的干扰；更不用说在受到如此强大的对手攻击时还能坚守阵地了。感情（affections）对其对象有一种更狭窄、更自然的审视；由于一种更适合于人类脆弱心灵的组织，它们只关注我们周围的存在，并为对于私人体系显得善或恶的事件所激发。

　　道德的恶和自然的恶的情况是一样的。我们不能合理地认为，那些被发现对一者几乎没有影响的遥远考虑，却会对另一者产生更有力的影响。自然这样构造人的心灵：某些性格、性情和行为一出现，心灵就立即感受到赞同或指责的情感；没有任何感情（emotions）对于它的结构和构造更为重要了。让我们赞许的性格主要是那些有助于人类社会的和平与安全的性格；正如引起指责的性格主要是那些会造成公共损害和扰乱的性格：由此可以合理地推测，道德情感或间接或直接地产生于对这些相反利益的反思。尽管哲学的沉思（mediations）确立了一种不同的意见或猜测，即一切事物相对于整全而言都是合适的，并且，扰乱社会的品质大体上和那些更直接促进社会幸福和福利的品质一样有益，一样适合于自然的原始意图，但这有什么关系呢？这些遥远而不确定的思辨能够抵消从自然而直接的对象视角产生的情感吗？一个人被抢走了一大笔钱，他对损失的恼怒会因为这些崇高的反思而有所减轻吗？为什么他对罪行的道德怨恨会被认为与这些反思不相容呢？或者说，为什么对善恶以及个人的美丑之间的实在区分的承认，与一切思辨的哲学体系不可调和呢？这两种区分都建立在人类心灵的自然情感之上；而这些情感不为任何哲学理论或思辨所支配或改变。

第二个反驳就不容许这么简单而令人满意的回答了；我们也不可能清楚地解释，神怎么可能是人的一切行为的间接原因，却不是罪恶和道德败坏的制造者。这些奥秘是自然和无助的单纯理性所无法处理的；无论她接受的是什么体系，她都会发现自己在这些问题上的每一步都会陷入无法解决的困难，甚至是矛盾之中。把人类行为的中立和偶然性与预知性（prescience）相调和，或者捍卫绝对的天命，又要避免神成为恶的制造者，迄今为止，这已被发现超出了哲学的所有能力。如果，当哲学窥探这些崇高的奥秘时，她能由此意识到自己的鲁莽；离开这样一个充满令人费解和困惑之物的场景，适度谦虚地返回她真正和适当的领域，即对日常生活的检查；在这里，她会发现有足够的困难让她研究，而不投身于如此浩瀚无边的怀疑、不确定和矛盾的海洋；——那就太幸运了！

第九章
论动物的理性

　　我们关于事实的一切推理都建立在一种类比之上，这种类比引导我们从任何原因期待我们观察到产生于相似原因的相同事件。在原因完全相似的地方，类比是完美的，而从它引出的推论就被视为确定的和有说服力的：任何人在看到一个铁块时，都不会怀疑它有重量和各部分的凝聚力；在他观察到的所有其他情况中也是如此。但是，在对象不那么相似的地方，类比就不那么完美，推论也不那么有说服力；尽管它仍具有与相似和类似程度相对应的某种力量。在一种动物身上所形成的解剖学观察，被这种推理推广到所有动物身上；的确，比如，当血液循环被清楚地证明存在于一种生物（如青蛙或鱼）体内时，它就形成一个强有力的推论，即同样的原理存在于所有动物体内。这些类比观察甚至可以延伸到我们现在所讨论的这门科学；而且，如果我们发现，我们用来解释理智在人身上的运作或情感在人身上的起源和联结的任何理论，对于解释所有其他动物的相同现象也是必要的，那么它就会获得更多的权威。我们将对这一点进行试验，因为它涉及一个假设——在前面的论述中，我们曾试图用这一假设来解释所有的经验性推理；我们希望这个新的观点将有助于证实我们之前的所有观察。

首先，很明显，动物和人一样，都会从经验中学习很多东西，并推断相同的事件总是产生于相同的原因。通过这一原理，他们开始熟悉外部对象更明显的特性，并从出生起逐渐积累了对火、水、土、石头、高度、深度等的本性以及由它们的作用所产生的结果的认识。在这里，年幼动物的无知和缺乏经验明显区别于老年动物的熟练和聪慧，后者通过长期的观察，学会了躲避伤害它们的东西，追求带来舒适或快乐的东西。一匹马，只要习惯了田野，熟悉了它能跃过的合适高度，就绝不会去尝试超出自己力量和能力的事情。老猎犬会把更艰苦的追逐工作交给更年轻的猎狗，并把自己安置在野兔急转弯时可以迎上去的位置；它在这种情况下所作出的推测，除了它的观察和经验之外，没有任何其他依据。

这一点在训练和教育对动物的影响中可以看得更清楚，通过适当的奖惩，动物可以被教会任何行动过程，甚至是最违背其自然本能和倾向的行动过程。当你恐吓一条狗，或举起鞭子抽打它时，难道不是经验使它害怕疼痛吗？难道不是经验使它回应它的名字，并从这样随意的声音推断出，当你以某种方式、以某种声调和口语叫出它的名字时，你指的是它，而不是它的任何同伴，并且推论出，你是打算叫它过来的？

在所有这些情况中，我们都可以看到，动物推论出的某个事实超出了直接触动其感官的事物；而且这个推论完全建立在过去经验的基础之上，因为动物根据当前的对象期待它在观察中发现总是产生于相似对象的相同结果。

其次，动物的这种推论不可能建立在任何论证或推理的过程之上，因为通过这个论证或推理的过程，动物就会得出结论：相似事件必定跟随着相似对象，而自然的进程在其活动中将总是恒常的。因为，如果真的存在具有这种本性的任何论证，那么它们也肯定太过深奥，如此不完满的理智无法遵循；因为需要运用哲学天才的最大细心和专注才能发现和遵循它们。因此，动物在这些推论中并不为推理所引导；孩子也不为推理所引导；大部分人类在其日常的行为和结论中也是如此；哲学家自己也是如此，因为他们在其行动的生命中基本上和普通人一样，为相同的原则所支配。自然一定还提供了某个别的更便利、用处和用途更广泛的原理；生活中像从原因推论结果这样重要的活动，不能托付给不确定的推理和论证过程。如果这一点对于人来说还有疑问，那么它对于兽类来说似乎就完全没有疑问了；

这个结论一旦在兽类这里被牢固地确立起来，我们就可以根据所有的类比规则，有力地推定它应该被普遍接受，没有任何例外或保留。只有习惯才能使动物从每一个触动其感官的对象推论其通常伴随物，并推动其想象从一者出现，以我们称为"信念"的特殊方式设想另一者。对于我们注意和观察到的所有更高和更低等级的有感觉生物的这种活动，没有其他解释了。①

---

① 既然关于事实或原因的一切推理都仅仅源于习惯，那么人们就可能会问，人在推理方面远远胜过动物，一个人在这方面远远胜过另一个人，这是如何发生的呢？同一习惯对一切事物的影响不是一样的吗？

在此，我们将力图简要地解释人类理智的巨大差异；由此，我们就很容易理解人和动物之间的差异的原因。

1. 当我们在任何时候生活，并且习惯了自然的一致性时，我们就会养成一种一般习惯，通过这种习惯，我们总是从已知的东西转移到未知的东西，并设想后者与前者相似。凭着这种一般的习惯原理，我们甚至把一次实验当作推理的基础，并且在这实验做得很精确、排除了所有无关情节的地方，我们就以某种程度的确定性期待相似的事件。因此，对事物后果的观察被看作一件非常重要的事情；既然一个人可以在注意力、记忆和观察方面远远超过另一人，那么这将使他们的推理产生非常大的差异。

2. 在复合原因共同产生任何结果的情况下，一个心灵可能比另一个心灵开阔得多，更能包容整个体系的对象，并正确地推论它们的结果。

3. 一个人能够比另一个人将一串结果推进到更远的地方。

（转下页）

尽管动物从观察中学到了许多知识，但也有许多知识是它们从源始的自然之手中获得的，这些知识远远超出了它们在通常情况下所拥有的那份能力；而且，在这些知识方面，最长期的实践和经验也不能让它们有任何的进步。我们把这些知识称为本能，并且很容易将其视为非常奇特的、人类理智的一切探究都无法解释的东西。但是，如果考虑到，我们与兽类所共有的、整个生活行为所依赖的经验推理本身，不过是一种本能或机械的力量——这种本能

（接上页）4. 很少有人能够长时间思想而不混淆观念并误把一观念当作另一观念；这个弱点有不同的程度。

5. 结果所依赖的情节往往与其他无关的、外在的情节纠缠在一起。将它分离出来往往需要极大的注意力、精确性和敏锐。

6. 从具体的观察形成一般原则，是一种非常精细的活动；而且由于仓促或看不到所有方面的心灵狭隘，没有什么比在这方面犯错更平常的了。

7. 当我们进行类比推理时，具有更多经验或更快地提出（suggest）类比的人将是更好的推理者。

8. 由成见、教育、激情、党派等等造成的偏见（biases），对一个心灵的依赖甚于对另一个心灵的依赖。

9. 在我们相信人类的证词之后，书籍和谈话对一个人的经验和思想范围的拓展，可能远远超过对另一个人的经验和思想范围的拓展。

我们不难发现，还有许多其他情节会造成人的理智的差异。【1750 年添加的注释。】

或力量在我们之中不为我们所知地运行着；而且，
在它的主要活动中，它不是由作为我们理智官能的
合适对象的任何观念关系或比较所引导的；那么我
们的惊奇也许就会停止或减少。尽管这种本能是不
同的，但它仍是一种本能——这种本能教人避开火；
就像它如此精确地教给鸟儿孵化的技艺，以及雏巢
（nursery）的整体结构和秩序。

第十章
论神迹

第一节

在蒂洛特森（Tillotson）博士的著作中，有一个反对"真在论"（the real presence）的论证，这个论证和可能被认为反对一个如此不值得认真反驳的学说的任何论证一样简洁、优雅和有力。那位博学的教士说，众所周知，不论是《圣经》还是圣传的权威，都只建立在使徒们的证词（testimony）之上，而这些使徒是我们的救世主用来证明其神圣使命的那些神迹的目击者。因此，对于我们而言，基督教的真理性的证据（evidence）要少于感官的证据；因为，即使在我们宗教的最初创立者那里，前者也不比后者多；而且很明显，前者在从他们传给其信徒的过程中一定会减少；任何人都不能像相信自己感官的直接对象那样相信他们的证词。但是，较弱的证据绝不能摧毁较强的证据，因此，如果"真在"学说在《圣经》中得到了如此清楚的启示，那么我们对它的同意就直接违背了正确推理的规则。它与感官相悖，尽管它所依赖的《圣经》和圣传都没有感官这样的证据，此时它们仅仅被视为外在的证据，没有因为圣灵（the Holy Spirit）的直接作用而为每个人的心（heart）所深切领会。

没有什么比这种决定性的论证更合宜的了，它至少可以让最傲慢的偏见和迷信沉默，让我们摆脱它们不切题的怂恿。我以为，我已经发现了一个具有相似本性的论证，这个论证如果是正确的，那么对于智慧和博学的人来说，它将一劳永逸地挫败各种迷信的幻象，因此，只要这个世界存在，它就会一直有用。我想，长久以来，在所有神圣的和世俗

的历史中都可以发现对于神迹（miracles）和奇迹
（prodigies）的记载。

尽管经验是我们的事实推理的唯一指南；但是，
我们必须承认，这个指南并不是完全可靠的，在有
些情况下，它很可能引导我们犯错。在我们的气候
条件下，如果一个人期待六月的任何一周都比十二
月的任何一周天气好，那么他就作了正确的推理，
并且与经验一致；但毫无疑问，他可能会碰巧发现
自己在这件事上错了。不过，我们可以看到，在这
种情况下，他没有理由埋怨经验；因为它通常会事
先通过相反事件告诉我们这种不确定性，而那些相
反事件是我们通过细致的观察了解到的。所有的结
果并不以相同的确定性由它们的假定原因所产生。
有些事件在一切国家和一切时代都被发现恒常地会
合在一起：其他则被发现更加反复无常，有时甚至
挫败我们的期待；于是，在我们关于事实的推理中，
存在着所有可想象的确信程度——从最高的确定性
到最低的或然性（moral）证据。

因此，一个有智慧的人会根据证据来确定自己

的信念。在以绝对可靠的经验为根据的结论中，他以最高程度的确信期待事件，并将他过去的经验视为这个事件将要存在的充分证明。在其他情况下，他则更谨慎地前进：他权衡相反的实验，他考虑到一方得到了更多实验的支持，他就带着怀疑和犹豫倾向于那一方；而当他最终作出判断时，证据并没有超出我们恰当地称为或然性（probability）的东西。因此，一切或然性都以实验和观察的对立为条件，在那对立中，其中一方压倒了另一方，并产生与其优势相称的证据程度。一边的一百个事例或实验，以及另一边的五十个事例或实验，使得我们对任何事件的预期都是犹豫的；但一边的一百个一致的实验，以及另一边的唯一的相反实验，就合理地产生了相当强烈的确信。在任何情况下，我们都必须权衡那些相反的实验（如果它们是相反的），并从较多的实验中减去较少的实验，从而了解有优势的证据的确切力量。

把这些原理应用到一个具体的例子中，我们可以看到，没有比从人的证词、目击者和旁观者的报道中得来的推理对于人类生活来说更普通、更有用，甚至更必需的了。也许，人们会否认这种推理是建立在因果关系之上的。我一个字也不想争辩。我们只需注意到，我们对任何这类论证的确信，不是从任何其他原理中来，而是从我们对人类证词的真实性以及事实与目击者报告的通常一致的观察中来。这是一个普遍的原则：任何对象之间都没有任何可发现的联结，我们能从一个对象引出另一个对象的所有推论，都仅仅建立在我们对它们恒常而有规律的会合的经验之上；显然，我们不应该为了人类的证词而给这个原则一个例外，因为人类的证词与任何事件的联结就自身而言似乎和任何其他联结一样不是必然的。如果记忆力在某种程度上不强，如果人们通常没有诚实的倾向和正直的原理，如果他们被发现说谎时不感到羞耻：我说，如果经验没有发现这些是人性中固有的品质，那么我们决不会对人类的证词抱有丝毫的信心。一个神志失常或以说谎和凶恶著称的人，对我们没有丝毫权威。

由于来自目击者和人类证词的证据是建立在过

去的经验之上的，所以它随着经验的变化而变化，并由于任何特定类型的报告与任何类型的对象之间的会合被发现是恒常的或无常的，而被视为证明或或然性。在所有这类判断中，有许多情节需要考虑；我们据以裁决它们可能引起的所有争论的终极标准，总是来自经验和观察。在这种经验在任何一方都不完全一致的地方，随之而来的就是我们的判断不可避免的对立，以及与我们在其他各种证据中所发现的相同对立和论证的相互破坏。对于他人的报告，我们常常会犹豫不决。我们会权衡引起任何怀疑或不确定的相反情节；当发现任何一方的优势时，我们就会倾向于它；但仍然会根据其对立面的力量而减少对它的确信。

在当前情况下，证据的这种对立可能来自若干不同的原因：相反证词的对立、目击者的性格或数目、他们发表其证词的方式，或者所有这些情节的结合。当目击者相互矛盾时，当他们人数很少或性格可疑时，当他们对自己所主张的事情有兴趣时，当他们犹豫不决地——或者相反，过于激烈地——

发表其证据时；我们对任何事实都持怀疑的态度。还有许多其他同类情况，可以削弱或破坏任何来自人类证词的论证的力度。

比如，假设证词所要确立的事实有些不同寻常和不可思议，那么在这种情况下，来自证词的证据就会随着事实或多或少的不寻常而或多或少地减弱。我们之所以相信目击者和历史学家，不是因为我们先验地知觉到证词和实在性之间的任何联结，而是因为我们习惯于发现它们之间的一致性。但是，如果被证明的事实是我们很少观察到的，那么这里就有两种相反经验的较量；其中一种经验尽力消灭另一种经验，而优势者只能以剩余的力量作用于心灵。让我们对目击者的证词产生某种程度的确信的那个经验原理，在这种情况下，也让我们以某种程度的确信反对他们努力确立的事实；从这种对立中必然产生信念和权威的抵消和相互破坏。

即使在加图这位爱国哲学家在世时，罗马就流传着这样一句谚语："这样一个故事就算是加图告诉我的，我也不会相信。"① 人们承认，一个不可信的事实可以使如此大的权威失效。

有一个印度王子拒绝相信对霜冻影响的最早叙述，他的推理是正确的；要使他同意一些事实（这些事实产生于他不熟悉的自然状态，并且与他对之具有恒常和一致经验的那些事件几乎没有相似之处），自然需要非常强有力的证词。那些事实虽然不与他的经验相抵触，但也不符合他的经验。②

但是，为了提高反对目击者证词的或然性，

---

① Plutarch, in vita Catonis.
② 显然，没有印度人会有水在寒冷天气不结冰的经验。这就是把自然置于他完全不了解的情境之中；他不可能先验地说出它会产生什么。这是在做一个新的实验，其结果总是不确定的。有时，人们可以根据类比来推测接下来的事情，但这仍然只是推测。必须承认，在目前的结冰事例中，这事件违反了类比规则，并且是一个理性的印度人不会盼望的。寒冷对水的作用不是随着寒冷的程度逐渐变化的，而是只要达到了冰点，水就会在一瞬间从液态变为固态。因此，这样的事件可以说是非同寻常的，需要一个相当有力的证词来使它对于生活在温暖气候区的人民来说是可信的：但它仍然不是神奇的，也没有在所有条件都不变的情况下违背对自然过程的一致经验。苏门答腊（Sumatra）的居民在他们自己的气候条件下总能看到水的流动，而他们的河流的结冰应当被看作一个奇迹：但他们从未在冬季的莫斯科大公国（Muscovy）见过水；因此，他们不能合理地肯定那会有什么结果。【正文中的段落添加于 1750 年，而脚注则添加于 1756 年。

让我们假设，他们断定的事实并非只是奇特的（marvellous），而且是真正神奇的（miraculous）；并且还假设，单独考虑的证词本身相当于一个完全的证明；在那种情况下，就会出现证明与证明之间的对立，其中最强的证明必定会胜出，但仍以依照其对立面的力度而减小的力量胜出。

神迹就是对自然法则的违背。既然牢固和不变的经验已经确立了这些法则，那么从事实的真实本性来看，反对神迹的证明是和所能想象到的任何经验论证一样完全的。为什么以下事件不只是可能的：所有人都会死，铅块不能自行悬浮在空中，火会烧毁木头，并被水熄灭；难道不是因为这些事件与自然法则一致，而要阻止它们就要违背自然法则，或者换句话说，需要神迹吗？如果任何一件事发生在自然的通常进程中，那么它就不会被视为神迹。一个看似健康的人突然死亡，这并不是神迹；因为这样的死亡虽然比任何其他死亡都更不寻常，但也经常发生。但一个人死而复生却是一个神迹；因为在任何年代或国家都从未出现过此事。因此，必须有一致的经验反对每一个神奇事件，否则这个事件就配不上那个称号。既然一致的经验相当于证明，那么从事实的本性来看，这里有一个直接而充分的证明反对任何神迹的存在，这样一个证明也不能被消灭，或者神迹也不会变得可信，除非它的相反证明占优势。①

明显的结论是（也是值得我们注意的一个普遍原则）："没有证词足以确立一个神迹，除非是这样一种证词：它的假（falsehood）比它力图确立的事实

---

① 有时，一个事件本身似乎并不违背自然法则，但如果它是真的，那么它可能由于某些情况而被称为"神迹"；因为事实上，它违背了这些法则。例如，如果一个自称有神圣权威的人，命令一个病人好起来，命令一个健康的人倒下死去，命令云朵倾泻雨水，命令风刮起来，总之，安排许多紧随着他的命令而来的自然事件，那么这些事件就有理由被视为神迹，因为在这种情况下它们实际上违背了自然法则。因为如果仍然怀疑事件和命令是碰巧凑合在一起的，那么这里就没有神迹，也没有对自然法则的违背。如果这个怀疑被消除了，那么这里显然就有神迹和对自然法则的违背，因为没有什么比人的声音或命令有这样的作用更违背自然了。神迹可以精确地定义为：由于神的特殊意志或某种无形力量（agent）的干预而对自然法则的违背。神迹可以被人发现，也可以不被人发现。这不会改变它的本性和本质。房屋或船只上升到空中是可见的神迹。当风缺少吹起一片羽毛所需要的微小力量时，羽毛的升起就是一个同样真实的神迹，尽管它对于我们来说并不同样明显。

更神奇；即使在这种情况下，也会出现论证的相互
破坏，而优势者只给我们带来与减去劣势者后所剩
下的力量程度相符的确信。"如果有人告诉我，他看
到一个死人复活了，我就会立即自忖：是这人在骗
人或被人骗更有可能，还是他所讲述的事实真的发
生过更有可能？我权衡这一个神迹与另一个神迹之
优劣；根据我所发现的优势，我宣布我的决定，并
总是拒斥更大的神迹。如果他的证词的假比他所叙
述的事实更神奇；那么这时，并且直到这时，他才
能声称赢得了我的信念或意见。

第二节

　　在前面的推理中，我们已经假设，神迹建立于
其上的证词有可能相当于一个完全的证明，而该证
词的假就会是一个真正的奇迹：但很容易表明，我
们的让步太宽松了，从来没有一个神奇事件是建立
在如此充分的证据之上的。

　　第一，在所有的历史中，找不到任何神迹是由

足够多的人所证实的——这些人的理智、教育和学问毋庸置疑，足以让我们避开在他们自身之中的所有欺骗；他们的正直毋庸置疑，足以让我们完全不怀疑他们有骗人的企图；他们在人类心目中的信誉和声誉，使得他们一旦有任何谎言被识破，就会蒙受巨大损失；同时，他们以如此公开的方式，并在世界上如此著名的地方证实事实，以至于那识破不可避免：要使我们完全相信人的证词，所有这些条件都是必需的。

第二，我们可以在人性中注意到一个原理，如果对这一原理进行严格的检查，那么就会发现它极大地削弱了我们从人类证词中所获得的对于任何一种奇迹的确信。我们在推理中通常遵循的原则是，对之没有经验的对象与对之有经验的对象相似；我们发现最常见的东西总是最可能的；并且，在有相反论证的地方，我们应当优先考虑建立在最多过去观察之上的论证。尽管在循着这一规则前进时，我们很容易拒斥任何在一般程度上不寻常和不可信的事实；然而，在继续前进时，心灵并不总是遵循相同的规则；而是当任何事情被断言为完全荒谬和神奇的时，它反而由于一个情节更容易承认这个事实——那个情节本来是要摧毁这个事实的所有权威的。由神迹引起的惊讶和好奇情感由于是一种令人愉快的情绪（emotion），因而就使人明显倾向于相信产生它的那些事件。并且，这件事还会发展到这样的地步：甚至那些不能直接享受这种快乐，也不能相信他们被告知的那些神奇事件的人，也乐于成为中间人，或者爱分享由回响（rebound）所带来的满足，并以激起他人的羡慕为荣，为乐。

人们是以怎样的贪婪来接受旅行者们的神奇描述：他们对海洋和陆地怪物的描述，他们对奇妙的冒险、奇怪的人和不文明的生活方式的叙述？可是，如果宗教精神与对奇迹（wonder）的热爱结合在一起，那么常识就终结了；在这些情况下，人类的证词就失去了所有的权威。一个宗教信徒可能是一个狂热分子，他可能会想象自己看见了不具有实在性的东西；他可能知道自己的叙述是假的，但为了促进如此神圣的事业，他会怀着世界上最美好的愿望坚持下去：甚至在没有这种欺骗的地方，虚荣心在如此强烈的诱惑下，对他的影响也比在任何其他情况下对其他人的影响都要强烈；而利己主义对他的影响同样强烈。他的听众可能没有，而且通常也没有足够的判断力去审查他的证据：就算他们有什么判断力，他们在这些崇高而神秘的主题上也在原则上抛弃了它；或者说，即使他们非常愿意使用它，激情和炽热的想象也会扰乱它的正常运作。他们的轻信增加了他的厚颜无耻，而他的厚颜无耻压倒了他们的轻信。

当口才达到最高境界时，它几乎不给理性或反思留下任何余地；而是由于完全专注于想象或感情（affections），它抓住自愿的听众，并征服他们的理智。幸亏它很少达到这种境界。但是，图利（Tully）或德摩斯梯尼（Demosthenes）对罗马或雅典听众难以完成的事情，每一个嘉布遣会修士（Capuchin）、每一个巡游或驻地教师却可以对大部分人完成，并通过触动那些粗俗和庸俗的情感而在更高的程度上完成。

古往今来，许多伪造神迹、预言和超自然事件的例子，要么被相反证据识破，要么由于其荒谬而被识破，它们充分证明了人类对不寻常和神奇事物的强烈倾向，也理应引起对所有此类叙述的怀疑。这是我们很自然的思维方式，即使是对于最常见、最可信的事件也是如此。例如：没有哪种传闻——尤其是在乡下和外省城镇——能像有关婚姻的传闻那样容易出现，那样迅速传播；以至于两个条件相当的青年从未见过两次面，整个邻里就立即把他们撮合在一起。讲述一则如此有趣的新闻，传播它，并成为它的第一批报道者，都会带来快乐，而这种快乐会让消息传播开来。这一点众所周知，任何有理智的人都不会关注这些传闻，除非他发现这些传闻得到了某个更大证据的证实。难道不是同样的激情，以及其他更强烈的激情，使大部分人倾向于以最大的热情和把握相信和报道所有的宗教神迹吗？

第三，据观察，所有超自然和神奇的叙述主要存在于愚昧和野蛮的民族中，这构成了反对一切超自然和神奇的叙述的一个有力根据；或者，如果一个文明的民族曾经许可任何超自然和神奇的叙述，那么这个民族会被发现是从愚昧和野蛮的祖先那里接受了它们，而这些祖先是带着（总伴随着公众意见的）不可违抗的法令（sanctions）和权威传递它们的。当我们阅读各民族的最初历史时，很容易想象自己被带到了某个崭新的世界；在那里，自然的整体结构是支离破碎的，每个元素都以不同于现在的方式发挥其作用。战争、革命、瘟疫、饥荒、死亡，绝不是我们所经验的那些自然原因的结果。奇迹、预兆、神谕、报应（judgments），完全遮蔽了与之混杂在一起的少数自然事件。但是，随着我们越来越接近启蒙时代，前者逐页变少，于是我们很快就知道，在这种情况下并没有什么神秘或超自然的东西，而是一切都产生于人类对神奇事物的通常倾向，并且，尽管这种倾向不时会受到理智和学问的抑制，但它绝不会从人性中彻底根除。

明智的读者在阅读了这些奇妙的历史学家的著作之后，很可能会说，真是奇怪，我们这个时代从未发生过如此奇异的事件。不过我想，各个时代都有人会说谎，这也不是什么怪事。你肯定见过那种弱点足够多的事例。你自己也听说过许多这种神奇的叙述,这些叙述最初为所有智慧和明智的人所蔑视,最后甚至被大众所抛弃。请相信,那些传播和盛行到如此畸形高度的著名谎言,都有相似的开端;但由于被散播在更合适的土壤里,它们最后成长为与他们所叙述的几乎相同的奇迹。

假先知亚历山大(Alexander)(虽然现在已被人遗忘,但曾经非常著名)把第一次行骗的场所放在帕夫拉戈尼亚(Paphlagonia),是明智之举,正如琉善(Lusian)告诉我们的,那里的人民极其无知和愚蠢,很容易接受哪怕是最粗俗的骗局。远处的人民足够软弱,认为这件事值得调查,却没有机会得到更好的信息。故事传到他们那里时已经增加了一百个细节。蠢人们孜孜不倦地传播那个骗局;而有智慧、有学问的人一般只满足于嘲讽它的荒谬,而不了解可以用来明确驳斥它的具体事实。就这样,前面提到的骗子得以从他愚昧的帕夫拉戈尼亚人开始,进而甚至在古希腊哲学家和罗马最显赫的人物中招募信徒,甚至还能引起贤明的皇帝马可·奥勒留

（Marcus Aurelius）的注意；乃至于让皇帝把一次军事远征的胜利寄托在他虚妄的预言上。

在一个愚昧民族中发动一场骗局的好处如此巨大，以至于尽管这种欺骗过于粗俗，不能硬塞给他们中的大多数（虽然这种情况很少发生，但有时就是这样），但它在偏远乡村的成功机会远比把首次场所放在以艺术和知识闻名的城市大。这些野蛮人中最愚昧、最野蛮的那部分人将这个传闻带到国外。他们的同胞没有大量的信件或足够的声望和权威来反驳和击败这个骗局，人们对神奇事物的倾向就有充分展示自己的机会了。就这样，一个在其最初发起的地方被普遍戳穿的故事，却在千里之外被当作是确定无疑的。但是，如果亚历山大把他的居所定在雅典，那么这个著名的学问中心的哲学家们就会立即在整个罗马帝国传播他们对这件事的看法；他们的看法由于得到如此大的权威的支持，又为理性和雄辩的全部力量所展示，因而使人类大开眼界。诚然，偶尔路过帕夫拉戈尼亚的琉善，有机会履行这一好差事。然而，每一个亚历山大都遇到一个随时揭穿和识破其骗局的琉善，这样的事虽然被殷切希望，却并不总能发生。

我可以补充如下一点作为削弱奇迹的权威的第四个理由：没有任何奇迹——甚至是那些未被明确识破的奇迹——的证词不为无数见证者所反对；于是，不仅神迹摧毁了证词的可信度，而且证词也摧毁了自身。为了更好地理解这一点，让我们考虑一下，在宗教问题上，凡是不同的就是相反的；而且，古罗马、土耳其、暹罗（Siam）和中国的宗教不可能全都建立在任何坚实的基础之上。因此，每一个神迹都声称已经在这些宗教（它们都充满了神迹）中的任何一个中被造出来，因为它的直接目的就是确立它所归属的特定体系；它也有同样的力量——尽管更间接地——推翻每一个其他体系。在摧毁敌对体系时，它也摧毁了该体系赖以建立的那些神迹的信誉；因此，不同宗教的所有奇迹都应被视为相反的事实，而这些奇迹的证据——不论强弱——也应被视为互相反对的。根据这种推理方法，当我们相信某个宗教的任何神迹时，我们的根据就是一些信任的证词；而另一方面，我们还要考虑提图斯·李维（Titus Livis）、普鲁塔克（Plutarch）、塔西陀——总之，希腊的、中国的和罗马天主教的所有讲述其特殊宗教中的任何神迹的作家和目击者——的权威；我说，我们要从相同的角度考虑他们的证词，仿佛他们提到了某个神迹，并以明白的措辞反驳了它——在这过程中他们像对待自己所叙述的神迹一样确定。这个论证看似过于精微和精妙，但实际上与如下法官的推理并无不同：两名证人坚持任何一个人的罪行，而另外两名证人断定在罪行据说被犯下的同一时刻，那个人已经在两百里格开外的地方，于是法官假定，前两名证人的信用为后两名证人的证词所摧毁。

全部世俗历史中得到最好证实的神迹之一，是塔西陀记载的韦斯巴芗（Vespasian）神迹，韦斯巴芗在亚历山大城（Alexandria）用自己的唾沫治愈了一个瞎子，仅仅碰了一下脚就治愈了一个瘸子；以便遵从塞拉皮斯（Serapis）神的幻象（vision）——这个神曾嘱咐他们向这位皇帝求助，以获得那些神奇的治疗。这个故事可以在那位优秀的历史学家那里看到①；在那里，每一个情节似乎都增加了证词的分量，并且，如果现在有人热心于加强那个被戳穿的偶像崇拜的迷信的证据，那么它还可能以论证和雄辩的全部力量充分地展示出来。这位伟大的皇帝严肃、稳重、年长、正直，在他的一生中，他与朋友和廷臣的交谈都很亲切，从不摆出亚历山大和德米特里厄斯（Demetrius）那种非凡的神气。那位历史学家也是一位作家，以坦率和诚实著称，而且可能是古代最伟大、最有洞察力的天才；他没有任何轻信的倾向，甚至招致了无神论和渎神的相反罪名：我们可以推测，他根据一些人的权威讲述那个神迹，而那些人具有公正和诚实的确定性格；他们是那个事实的目击者，在弗洛维（Flavian）家族被剥夺了皇权、不再能给出任何奖赏作为说谎的酬金之后，他们证实了他们的证词。"当时在场的人即使在现在，也还会详述那两件事，而欺骗不能带来任何好处。"

---

① Hist. lib. 4. cap. 81. 苏埃托尼乌斯（Suetonius）在他的《韦斯巴芗传》中作了几乎相同的描述。

如果我们再加上所叙述事实的公共本性，那么显然，对于如此粗糙、如此明显的谎言，不会有更强有力的证据了。

还有一个令人难忘的故事，是红衣主教德·雷茨（de Retz）讲述的，这个故事很值得我们注意。当这位令人着迷的政治家为逃避敌人的迫害而逃到西班牙时，他从阿拉贡（Aragon）的首府萨拉戈萨（Saragossa）经过，在那里的大教堂里，人们指给他看一个人——这个人当了七年守门人，城里凡在此教堂做过礼拜的人都很熟悉他。有人见他在很长一段时间里都少了一条腿，但他通过给残肢涂抹圣油恢复了那条腿。这位红衣主教向我们保证，他看到他有两条腿。这一神迹得到了教堂全体教士的证实，城里的所有同伴都被要求去证实这一事实，这位红衣主教发现，这些人由于热忱的虔诚完全相信了这一神迹。在这里，叙述者也是与假定的奇迹同时代的，并且具有不轻信和放荡不羁的性格以及伟大的天才；这个神迹具有如此突出（singular）的本性，几乎不可能是伪造的，而且目击者很多，这些目击者在某种意义上都是他们为之提供证据的那个事实的旁观者。使证据更加有力、并让我们倍感惊讶的是，讲述这个故事的红衣主教本人似乎也不相信它，因而不能被怀疑参与了这场神圣的骗局。他正确地考虑到，要拒斥具有这种本性的事实，并不需要能够精确推翻证词，并通过产生证词的所有欺诈和轻信的情节来追溯它的假。他知道，正如在任何稍远的时间和空间里，这通常是完全不可能的；同样，即使在一个人直接在场的地方，由于大部分人类的盲从、无知、狡诈和无赖，这也是极其困难的。因此，他像公正的推理者一样得出结论：这样的证据本身就带有虚假性，而且，为任何人类证词所支持的神迹准确地说是嘲笑的主题，而不是论证的主题。

的确，从未有一个人的神迹，比据说最近在法国巴黎神父的墓上被造出的神迹更多，这位神父是著名的詹森派信徒，人们被他的圣洁欺骗已久。治愈病人、让聋人听见、让盲人看见，这些事情到处被谈论，并被视为那座神圣坟墓的通常结果。然而，更不同寻常的是，在一个有学问的时代，在当今世界最著名的场所，许多神迹在具有毫无争议的、为有信誉和声望的目击者所证实的正直的法官面前，被当场直接证明。这还不是全部：对它们的叙述还被发表，并四处传播；尽管耶稣会是一个有学问的团体，得到了地方行政长官的支持，并坚决反对一些意见——据说那些神迹就是为了这些意见而被造出来的，但他们从未能够明确地驳斥或识破那些意见。① 我们到哪里去寻找这么多的情节来证实一个事

---

① 该书为巴黎议会的顾问或法官蒙特格龙（Montgeron）先生所撰写。蒙特格龙先生是一位有身份、有声望的人物，同时也是这项事业的殉道者，据说现在还因为自己的书被关在某个地牢里。

　　还有一部三卷本的书——名为《巴黎修道院院长神迹集》（Recueil des Miracles de l'Abbé Paris），记载了许多这样的神迹，并附有写得非常好的序言。然而，这本书里贯穿着我们救世主的神迹和神父的神迹之间的荒谬比较；在那里，有人断言，后者的证据与前者的证据是一样的：仿佛人的证词可以与神自己——神主导着受启发作家的笔——的证词相提并论。如果这些作家确实仅仅被视为人类的证词，那么这位法国作者的比较是非常节制的；因为他可以看似有理地声称，詹森派的神迹在证据和权威方面远超过了其他神迹。以下事迹就摘自上述书中所插入的可靠书信（papers）。

　　巴黎神父（Abbé Paris）的许多神迹，都是在红衣主教诺艾尔斯（Noailles）（即使是他的敌人也从未质疑过他的正直和能力）的监督下，在巴黎的官方或主教法庭上为目击者直接证明的。

（转下页）

（接上页）他的大主教职位的继任者是詹森派的敌人，这位继任者也是因此被主教擢升到宫廷的。然而，巴黎 22 位教区长或堂区牧师（curé）以无限的热忱敦促他检查一些神迹——他们断言这些神迹是全世界都知道的，并且无疑是确定的；但他明智地克制住了。

莫利纳派曾试图在勒·弗朗克小姐（Mademoiselle Le Franc）的事例中诋毁这些神迹。但是，除此之外，他们的做法（proceedings）在许多方面都是世界上最不合常规的，尤其是他们只引用了他们所收买的少数几个詹森派证人；此外，我还要说，他们很快就发现自己为一大群新的证人所淹没，这群证人有120 人之多，其中大多数是巴黎有声望有财富，并为了那个神迹宣誓的人。这还伴随着向议会发出庄严而诚挚的呼吁。但是当局禁止议会插手此事。最后，有人指出，只要人的热情和狂热被激发起来，任何限度的人类证据都不会如此强烈，以至于由于最大的荒谬而无法获得：而那些傻乎乎地通过这个媒介去检查此事，并在证词中寻找特殊缺陷的人，几乎肯定会被迷惑。事实上，在这场较量中失败的一定是一场可悲的骗局。大约在那时，在法国的所有人都听说了警察中尉赫劳（Herault）先生的名声，他的警觉性、洞察力、活动力以及广泛的情报都是人们津津乐道的。这位治安长官出于其职务的本性几乎是不受任何约束的，他被赋予了充分的权力，目的是压制或揭穿这些神迹；他经常直接逮捕和审查这些神迹的证人和当事人：但他从未得到任何对它们不利的令人满意的东西。在蒂博（Thibault）小姐的案子中，他派遣著名的德·西尔瓦（de Sylva）医生去审查她；医生的证据非常奇怪。医生宣称，她的病不可能像证人证明的那样严重；因为她不可能在这么短的时间内康复得像他发现的那样完美。他就像一个理智正常的人，根据自然原因进行推理；但对方却告诉他，整个过程就是一个神迹，而他的证据就是最好的证明。

莫利纳派陷入了可悲的两难地境。他们不敢断言人类证据绝对不足以证明一个神迹。他们不得不说，这些神迹是由巫术和魔鬼所创造的。但他们被告知，这是古代犹太教徒的策略。

当教堂墓地为国王的命令所关闭时，没有一个詹森派会对解释神迹不再发生感到尴尬。是对坟墓的触碰造成了这些不同寻常的结果；当没有人能够靠近坟墓时，就没有结果会被期待。（转下页）

第十章
论神迹

（接上页）上帝的确可以在一瞬间推倒城墙；但他是自己的恩典和作品的主宰，而解释它们不属于我们的职责。他没有在公羊角（the rams horns）发出声响时像摧毁耶利哥城（Jericho）的城墙一样摧毁每一座城的城墙，也没有像粉碎圣保罗的监狱那样粉碎每一个使徒的监狱。

查蒂隆（Chatillon）是法国的一位公爵和贵族，拥有至高无上的地位和家族。他为一次神奇的治疗提供了证据，这次治疗就施加在他的一个仆人身上，而这个仆人在他家里生活了数年，并且身体明显虚弱。

最后，我想说的是，没有哪个神职人员比法国的世俗神职人员，尤其是为这些骗局作证的巴黎教区长或堂区牧师，更以严格的生活和礼仪而闻名的了。

先生们的学问、天赋和正直，还有波尔罗亚尔隐修院（Port-Royal）的修女们的苦行，在整个欧洲都享有盛誉。然而，他们全都为发生在著名的帕斯卡（他的圣洁生活和非凡能力是众所周知的）的侄女身上的神迹作证。大名鼎鼎的拉辛（Racine）在其著名的《波尔罗亚尔隐修院的历史》中描述了这个神迹，并用众多的修女、牧师、医生和世俗之人（他们都有毋庸置疑的信誉）所能提供的所有证据来证实它。一些文人，尤其是图尔奈（Tournay）主教，认为这个神迹如此确定，以至于可以用来驳斥无神论者和自由思想者。对波尔罗亚尔隐修院抱有极大偏见的法国摄政王后，派她自己的医生来审查这个神迹，结果医生完全相信了这个神迹。总之，超自然的治愈如此无可争议，以至于一度挽救了那座著名的隐修院，使其免遭耶稣会士的毁灭威胁。如果这是个骗局，那它肯定会被如此睿智和强大的对手识破，而且一定会加速策划者的毁灭。我们的神学家们可以用如此可鄙的材料筑起一座令人畏惧的城堡；他们可以用这些以及我没有提及的许多其他条件建造出一个怎样的庞然大物（prodigious fabric）！帕斯卡、拉辛、阿尔诺（Arnauld）和尼古拉（Nicole）这些伟大的名字多少次回响在我们耳边？但是，如果他们有智慧，那么他们最好还是采纳这个神迹，并认为它比他们所有其他的收藏物贵重一千倍。此外，它可能非常有利于他们的目的。因为那个神迹真的是通过触摸构成神圣王冠的神圣荆棘（thorn）的真正神圣棘刺（prickle）创造出来的。【1750年添加的脚注。最后一段的大部分内容（"著名的拉辛"以下）于1756年添加。】

185

实呢？除了他们所叙述的事件的绝对不可能性或神奇本性之外，我们还有什么来反对如此众多的目击者呢？在所有理性的人看来，肯定只有这一点才能被视为充分的反驳。

因为某个人类证词在某些情况下具有最大的力量和权威，比如，当它叙述菲力皮（Philippi）之战或法萨利亚（Pharsalia）之战时；所以，所有种类的证词在所有情况下都必须具有同等的力量和权威，这样的推论正确吗？假设凯撒派和庞培派各自声称是这些战役的胜利者，而且双方的历史学家都一致地把优势归于己方；那么，时隔这么久后，人类又如何能够在他们之间作出裁决呢？希罗多德或者普鲁塔克所叙述的神迹之间的对立，与马里亚纳（Mariana）、比德（Bede）或任何僧侣历史学家所讲述的神迹之间，存在着同样强烈的对立。

有智慧的人对每一个偏袒报道者情感的报道都抱有一种非常学园派（academic）的态度；不论它是在夸耀他的国家、他的家庭或他自己，还是以任何其他方式迎合他的自然倾向和偏好。然而，有什

么诱惑能比以传教士、先知、天国使者的面目示人
的诱惑更大呢？为了获得如此崇高的身份，谁不会
遇到许多的危险和困难呢？或者，如果一个人借助
虚荣心和炽热的想象，首先使自己皈依，并严重地
陷入幻象（delusion）之中；那么，谁还会忌讳使用
虔诚的欺诈手段，来支持如此神圣和功德无量的事
业呢？

在这里，最小的火星也可能燃烧成最大的火焰；
因为材料总是为它准备好的。一群贪听流言蜚语的
人（*avidum genus auricularum*）①，瞪大眼睛的民众，
不加考究地、贪婪地接受任何迎合迷信、增进惊异
的东西。

古往今来，有多少具有这种本性的故事，在萌
芽阶段就被发觉并戳穿呢？又有多少这类故事曾被
传颂一时，而后又渐渐被人忽视和遗忘呢？因此，
当这样的传闻满天飞的时候，这种现象的解决办法
是显而易见的；当我们用已知的、自然的轻信和欺
骗的原理来解释这种现象时，我们的判断是符合常

---

① Lucret.

规的经验和观察的。难道我们不采用如此自然的解决办法，反而允许对最确定的自然法则不可思议的违反吗？

我无需提及在谎言据说发生的地方揭穿任何私人乃至公共历史中的谎言的困难；当场所被移到如此近的地方时，困难就更大了。即使是司法法庭以他们所能运用的所有权威、准确性和判断力，也会发现自己在最近的诉讼中常常无法分辨真假。但是，如果把这件事交给争吵、辩论和谣言满天飞的通常方法，那它就永远不会有结果；尤其当人们的情感参与任何一方时更是如此。

在新宗教诞生之初，有智慧、有学问的人通常会认为这件事微不足道，不值得他们注意或关注。当他们后来愿意去揭穿骗局，以便唤醒受骗的大众时，时机已经过去了，可以澄清这件事的记载和目击者已经消失得无影无踪了。

除了必须从报告者的证词本身得来的那些手段，就没有其他侦查手段了；这些手段尽管对于明智而有知识的人来说总是足够的，但通常都过于精妙，不为普通人所理解。

因此，总的看来，任何一种神迹的证词都不可能等同于或然性，更不用说等同于证明了；而且，即使它等同于证明，它也会被另一个证明所反对；而这另一个证明就源于它努力确立的那个事实的本性。只有经验才能给予人类的证词权威；也正是同样的经验，才能使我们确信自然法则。因此，当这两种经验相反时，我们只能把其中一种经验从另一种经验中减去，并以产生于剩余经验的确信接受这边或那边的意见。但是，根据这里所解释的原理，就一切流行宗教而言，这种相减就相当于彻底消灭；因此，我们可以确立一个原则：任何人类证词都不可能具有如此大的力量来证明一个神迹，并使它成为任何此类宗教体系的恰当基础。

当我说神迹绝不能被证明，从而成为宗教体系的基础时，我请求大家注意我在这里所作的限制。因为我承认，如果不是这样，就可能会有一种神迹或对自然通常进程的违反发生：这种神迹可以从人类证词中得到证明；不过，也许在所有的历史记载中都不可能找到任何这类事情。比如，假设所有语言的所有作家都同意，从 1600 年 1 月 1 日起，整个地球上出现了长达八天的完全黑暗；假设关于这一非凡事件的传说在人们中间仍然是强有力和生动的，所有从外国回来的旅行者，都会给我们带来对相同传说的描述，而没有丝毫的变化或不一致：很显然，我们当前的哲学家不应该怀疑这个事实，而应该把它当作确凿无疑的，并寻找可能产生它的原因。自然的衰败、腐坏和解体是一个事件，如此多的类比使这一事件得以可能，以至于倾向于那个灾难的任何现象，似乎都在人类证词的范围之内——只要这个证词是非常广泛和一致的。

但是，假设所有研究英格兰的历史学家都同意，1600 年 1 月 1 日，伊丽莎白女王驾崩；在她死前和死后，她的医生和整个宫廷都陪伴着她，这对于她这种地位的人来说很平常；她的继任者得到了议会的承认和宣布；在安葬一个月后，她再次出现，重新登上王位，并统治英格兰三年。我必须承认，这么多奇怪的情节同时发生，我应该感到惊讶，但我丝毫不愿意相信如此奇异的事件。我不会怀疑被宣称（pretended）的死亡，以及随之而来的其他公开情节：我只想说它是被宣称的，它既不是也不可能是真的。你会徒劳地反对我说：在如此重大的事情上欺骗世人是困难和几乎不可能的；那位著名的女王具有智慧和可靠的判断力；她能从如此拙劣的诡计中得到的好处少得可怜，甚至没有，这一切可能会让我吃惊；但我还是要回答说，人的狡诈和愚蠢是如此常见的现象，以至于我宁可相信这些最不寻常的事件是由它们共同造成的，也不愿意承认对自然法则如此严重的破坏。

但是，如果这一神迹被归于任何新的宗教体系，那么古往今来，人们被那种荒谬的故事如此欺骗，以至于这个情节本身就充分证明了这是一个骗局，就足以让一切有理智的人不仅拒斥这一事实，甚至不经进一步检查就拒斥它。尽管在这种情况下，制造神迹的那个存在（Being）是全能的，但神迹并不因此就变得更可能。因为除非通过我们在自然的通常进程中对他的作品的经验，否则我们不可能认识这样一个存在的属性或活动。这仍然使我们局限于过去的观察，并迫使我们比较人类证词中违反真实性（truth）的事例以及神迹违反自然法则的事例，以判断它们中哪一个最可信、最有可能。既然违反真实性的情况在涉及宗教神迹的证词中比在涉及任何其他事实的证词中更常见，那么这必然会大大削弱前一种证词的权威，并使我们形成了一个普遍的决定：无论用什么华丽的借口来掩盖它，都决不对它给予任何关注。

培根勋爵似乎也接受了相同的推理原理。他说："对于所有的怪物、异常的出生或创造，总之，对于自然中的所有新奇、罕见和异常的事物，我们都应当收集起来，或撰写特殊历史。但这都必须以最严格的审查去完成，以免偏离真实性。尤其是在任何程度上依赖于宗教的任何叙述，如李维的奇迹，都必须被视为可疑的：在自然魔术或炼金术的作家或似乎对谎言和故事有一种不可抑制的热爱的那类作家中发现的每一事物，也是如此。"①

---

① Nov. Org. lib. 2. aph. 29.【弗朗西斯·培根，《新工具》，2.29。这段拉丁文作为一个脚注添加于 1756 年。它于 1770 年并入正文，并于 1772 年翻译为英文。】

　　我更喜欢这里所讲的推理方法，因为我认为它可以挫败基督教的危险朋友或伪装的敌人——他们试图用人类理性的原理来捍卫它。我们最神圣的宗教是建立在信仰之上，而不是建立在理性之上；把它置于它绝对无法经受的考验之中，是揭露它的可靠方法。为了更清楚地说明这一点，让我们研究一下《圣经》中记载的那些神迹；为了不迷失在过于广阔的领域，让我们局限于在《摩西五经》中所发现的那些神迹——根据这些所谓的基督徒的原理，我们将不把《摩西五经》当作上帝自己的话语或证词，而当作单纯的人类作家和历史学家的作品来考察。于是，我们在这里首先考虑的是一本书，这本书是由一个野蛮而愚昧的民族提供给我们的，它写于一个更加野蛮的时代，很可能写于它所叙述的事实发生很久之后，但不为同期的证词所证实，类似于每个民族对于其起源的神话式描述。读了这本书，我们发现其中充满了奇迹和神迹。它描述了与现在完全不同的世界和人性状态，描述了我们从那个状态堕落，描述了人的年龄被延长到将近一千岁，描述了世界为大洪水所毁灭，描述了一个民族被任意选为上帝的宠儿——这个民族就是作者的同胞，描述了可想象的最不可思议的奇迹把他们从奴役状态中解放出来：我请求任何人把手放在自己的心（heart）上，在认真考虑后宣布，他是否认为，为这样一个证词所支持的这样一本书的假，会比它所讲述的所有神迹都更不同寻常和不可思议；然而，根据前面所确立的或然性标准，这是《圣经》被接受的必要条件。

我们对神迹所说的可以原封不动地应用于预言（prophecies）；事实上，所有的预言都是真正的神迹，而且只有这样的预言才能作为任何启示的证明。如果预知未来事件没有超出人性的能力，那么，用任何预言来证明神圣使命或来自上帝的权威的做法都是荒谬的。因此总的来说，我们可以得出结论说，基督教不仅一开始就有神迹，而且即使在今天，如果没有一个神迹，那么任何理性的人都不会相信基督教。单纯的理性不足以让我们相信基督教的真实性：凡是为信仰推动去同意它的人，都会亲身意识到一个持续的神迹——这个神迹颠覆了他所有的理智原理，使他决定去相信与习惯和经验最相悖的事情。

第十一章
论特殊的天命和来世

最近，我与一个热爱怀疑派悖论的朋友进行了交谈；在交谈中，尽管他提出了许多我绝不赞同的原理，不过，由于这些原理似乎很奇特，并与贯穿于本研究的推理系列有某种关系，所以，在此我将尽可能准确地从我的记忆中复制它们，以供读者判断。

我们的谈话一开始，我就称赞了哲学独一无二的好运：既然它所要求的完全自由高于一切其他特权，并主要由于意见的自由对抗和争论而繁荣起来，那么它最初就诞生于一个自由宽容的时代和国度，并且，即使在其最过分的原理中也绝不为任何教义（creeds）、特许（concessions）或刑事法规（penal statutes）所约束。因为，除了普罗泰戈拉（Protagoras）的流放和苏格拉底之死（后者部分地是由其他动机造成的），在古代历史中几乎碰不到当今时代充斥着的那种偏执的嫉妒的例子。伊壁鸠鲁（Epicurus）在雅典和平而安静地活到了高龄；伊壁鸠鲁派①（Epicureans）甚至被允许接受圣职，并在祭坛上主持国教最神圣的仪式。最智慧的罗马皇帝②把年金和薪金的公开赞助③平等地赐予各派哲学的教师。如果我们反思一下，即使是在哲学被认为更加强壮的当下，她还在十分艰难地承受着四季的严酷，以及吹向她的诽谤和迫害的刺骨寒风，那么我们就不难设想，在其幼年时期这样一种待遇对于她是多么必要。

---

① Lucian. *συμπ. ἢ Λαπίθαι.*【琉善，《对话集》(*The Drinking Party*) 或《拉比泰人》(*Lapithae*)，9。】

② Id. & Dio.【琉善，《阉人》，3；迪奥·卡西乌斯（Dio Cassius），《罗马历史》，72.31.3。】

③ Lucian. *εὐνοῦχος.*【琉善，《阉人》，3，8。】

我的朋友说，你所称赞的哲学独一无二的好运，似乎是事物自然进程的产物，在每个时代、每个民族都是不可避免的。你所抱怨的、对哲学非常致命的那种顽固偏执，其实是她自己的后代——这个后代在同迷信结盟之后，就与其父母的利益完全割裂开来，并成为她最顽固的敌人和迫害者。现在引起如此激烈争论的宗教思辨教条，在世界的早期是不可能被设想或允许的；那时的人类由于完全不识字，因此形成了更适合于他们的脆弱理解的宗教观念，并以主要是传统信念的对象而不是论证或争论对象的那些故事（tales）来构造他们的神圣信条。因此，哲学家们的新悖论和新原理所引起的首次恐慌过去之后，这些教师在古代似乎一直与既定的迷信保持着极大的和谐，并在它们之间对人类作了一个公平的划分（partition）：前者拥有全部有学问、有智慧的人，后者则拥有所有粗俗、没文化的人。

我说，这样看来，你是把政治完全排除在外了，并且从未想过，一个有智慧的地方长官有理由提防某些哲学信条，比如伊壁鸠鲁的信条——由于否认神的存在，并因而否认天命（a providence）和来世（a future state），这些信条似乎在很大程度上松开了道德的束缚，并由此可以被认为有害于公民社会的和平。

他回答说，我知道，事实上，这些迫害在任何时代都不是来自冷静的（calm）理性，或对哲学的有害后果的经验，而是完全来自激情和偏见。但是，我进一步断言，如果伊壁鸠鲁受到当时的任何一个诽谤者或告密者的当众指控，他本可以轻而易举地为自己的事业辩护，并证明他的哲学原理和他的对手——这些对手如此热心地竭力使他遭致公众的憎恨和嫉妒——的哲学原理一样有益，又会怎样呢？

我说，我希望你能在这样一个非同寻常的主题上试试你的口才，代表伊壁鸠鲁作一次演讲，这次演讲可能不会让雅典的暴民（如果你承认那个古老而高雅的城邦有任何暴民的话）满意，但也许会让他更通晓哲学的那部分听众——比如可能被认为有能力理解他的论证的听众——满意。

他回答说，有了这样的条件，事情就不难办了：

如果你愿意，我将暂时假设自己是伊壁鸠鲁，而让你代表雅典人民，我将向你发表一个演讲，这个演讲将会让白豆填满整个瓮，而不会让一个黑豆来满足我对手的恶意。①

很好，请依照这些假设继续吧。

雅典人啊，我来到这里，是要在你们的集会上为我在我的学校中所坚持的学说辩护，而我却发现自己为暴怒的对手所控告，而不是在与冷静平和的研究者讲道理。你们的研究本应对准公共善和国家利益的问题，却被转移到了思辨哲学的研究；这些宏大但可能没有结果的研究，取代了你们更普通但更有用的工作。不过，我会尽我所能阻止这种滥用。在此，我们不会争论诸世界（worlds）的起源和管理。我们只研究这些问题与公共利益有多大关系。如果我能使你们相信，它们与社会的和平和政府的安全完全无关，那么，我希望你们即刻把我们送回我们的学校，让我们在那里从容不迫地研究一切哲

---

① 在古希腊的投票程序中，投票人把有颜色的豆子——白色代表同意或无罪，黑色代表不同意或有罪——放入一个瓮中。

学中最崇高，但同时也最思辨的问题。

宗教哲学家们不满足于你们祖先的传说和你们祭司的教义（我愿意默默接受这种教义），而逞一时之好奇，恣意探究他们能在多大程度上将宗教建立在理性的原理之上；他们由此激起而不是消除了自然地产生于认真和仔细研究的怀疑。他们用最华丽的色彩描绘出宇宙的秩序、美和智慧安排；然后问道，理智如此辉煌的表现能否出自原子的偶然聚集，或者偶然性能否产生最伟大的天才也绝不能充分赞美的东西。我不打算考察这一论证的正当性。我将承认它与我的对手和控告者所能要求的一样可靠。如果我能从这一推理证明，这个问题完全是思辨的，而且，当我在自己的哲学研究中否认天命和来世时，我并没有破坏社会的根基，而是提出了一些原理——如果我的对手和控告者论证一贯，那么在他们自己的主题上，他们自己就必须承认这些原理是可靠和令人满意的，那就足矣。

那么，我的控告者们，你们已经承认，神存在（我从未质疑过这一点）的主要或唯一的论证来自自然的秩序；自然中显示出了理智和设计的如此痕迹，以至于你们会认为，提出偶然性或盲目而无指导的物质力量作为它的原因，是过分的。你们承认，这是一个从结果推出原因的论证。你们从作品的秩序推论，在工匠那里一定是有计划和预谋的。如果你们不能证明这一点，那么你们就承认你们的结论是不成立的；并且，你们不妄求在比自然现象所能证明的更大范围内确立这个结论。这些是你们所承认的。我希望你们注意后果。

当我们从一个结果推论出任何特定的原因时，我们必须使一者与另一者相对应，除了恰好足以产生结果的性质之外，绝不允许将任何其他性质归于原因。在任何天平上升起的十盎司物体，都可以证明平衡砝码超过了十盎司，但绝不能证明它超过了一百盎司。如果被指定为任何结果的原因不足以产生该结果，那么我们必须要么摒弃那个原因，要么给它增加一些性质，使它与那个结果相称。但是，如果我们将更多的性质赋予它，或者断言它能够产生其他的结果，那我们就只能恣意猜测，无理由或无根据地随意假设性质和能量的存在。

不论指定的原因是无知觉、无意识的物质，还是理性的、理智的存在，这规则都有效。如果原因只能通过结果被认识，那么除了恰好产生结果的性质之外，我们决不应该赋予它任何其他性质，我们也不能通过正确推理的任何规则从原因返回，从原因之中推论出超出它借以为我们所认识的那些结果的其他结果。没有人能够仅凭看到泽克西斯（Zeuxis）的一幅画，就知道他还是一个雕塑家或建筑师，而且是一个在石头和大理石方面的娴熟程度不逊于在色彩方面的娴熟程度的艺术家。我们可以有把握地断定，眼前这件作品所展现的才华和品位，就是这位工匠所拥有的。我们必须让原因与结果相称；如果我们准确无误地使原因与结果相称，我们就绝不会在原因之中发现任何指示（point）出更多事物的性质，也不会发现任何可以推论出其他作品或设计的性质。这些性质一定超出了仅仅产生我们所检查的结果所需要的东西。

因此，如果说诸神是宇宙存在或秩序的创造者，那么，他们就拥有在其作品中所显现出来的那种精确程度的力量、理智和仁慈；但是，除非我们借助夸张和谄媚来弥补论证和推理的缺陷，否则就没有别的东西可以被证明。目前，任何属性的迹象表现到什么程度，我们就可以在多大程度上断定这些属性存在。其他属性的推测只是假设，更不用说这样的推测：在遥远的空间区域或时间段里，这些属性已经或将要有更宏大的展示，并且有一个更适合于那些想象中的德性的管理方案。我们决不能从作为结果的宇宙上升到作为原因的朱庇特（Jupiter），然后下降，从那个原因推论出任何新的结果，仿佛单单现在的结果并不完全配得上我们赋予那位神的光荣属性。关于原因的知识完全来自结果，它们必须完全彼此吻合，其中一者绝不能指向任何别的东西，也不能是任何新的推论和结论的基础。

你们在自然中发现了某些现象。你们寻找一个原因或创造者。你们想象自己已经找到了他。后来，你们对自己头脑中的这一产物如此着迷，以至于你们想象，他一定会创造出比现在这个充满恶和无序的事物景象更伟大、更完满的东西。你们忘记了，这个最高（superlative）的理智和仁慈完全是想象的，或者至少是没有任何理性根据的；而且，除了你们看到他在其作品中实际发挥或展示出来的东西，你们没有理由把任何性质赋予他。因此，哲学家们啊，请让你们的诸神与当前的自然现象相匹配，而不擅自通过随意的假设来改变这些现象，从而使它们与你们如此深情地赋予你们的神的那些属性相匹配。

雅典人啊，当祭司和诗人在你们权威的支持下，谈论在目前的罪恶而悲惨的状态之前的黄金时代或白银时代时，我专注而恭敬地倾听他们。但是，当自称漠视权威、培养理性的哲学家们进行同样的论述时，我承认，我并没有向他们表示同样的谄媚顺从和虔诚敬意。我要问：是谁把他们带入天界，是谁让他们参加诸神的会议，是谁向他们打开了命运之书，使他们如此轻率地断言，他们的神已经或将要实施任何超出实际表现的意图？如果他们告诉我，他们是沿着理性的阶梯或通过理性的逐步上升，并通过从结果到原因的推论而上升，那么我仍然坚持认为，他们是用想象

的翅膀帮助理性上升的；否则，他们就不能这样改变
他们的推论方式，并从原因论证结果；他们假设，一
个比当前世界更完满的作品更适合于像诸神这样完满
的存在，却忘记了，除了在当前世界所能发现的完满
性或属性，他们没有理由把任何其他完满性或属性赋
予这些神圣（celestial）的存在。

因此，解释自然中的种种恶以维护诸神的荣光
的所有努力都是徒劳的；同时，我们必须承认世界
中充斥着的那种罪恶和无序的实在性。我们被告知，
物质难以控制和难以驾驭的性质，或者对普遍法则
的遵循，或者诸如此类的原因，是抑制丘比特的力
量和仁慈、迫使他创造如此不完美和不幸福的人类
和所有有知觉的生物的唯一原因。于是，那些属性
似乎事先就在其最大范围内被视为理所当然的了。
基于这个假设，我承认，这样的猜测也许可以作为
恶的现象貌似合理的解决方案。但是我仍然要问：
为什么把这些属性视为理所当然，或者说，为什么
把结果中实际显现出来的性质之外的任何其他性质
归于原因？为什么绞尽脑汁基于可能完全是想象的，

并且在自然进程中没有发现其痕迹的假设来为自然进程辩护呢?

因此，宗教假设只能被视为解释宇宙可见现象的一种特殊方法，但任何一个正确推理的人都不会擅自从它之中推论出任何单一事实，并在任何单一方面改变或增加那些现象。如果你们认为事物的表象（appearances）证明了这样的原因，那么你们可以作出关于这些原因存在的推论。在如此复杂而崇高的主题上，每个人都可以沉湎于恣意的猜测和论证。不过，你们应当止步于此。如果你们退回去，根据你们所推论的原因进行论证，并得出结论：任何其他事实已经或将要存在于可以更充分地展示特殊属性的自然进程之中，那么我必须告诫你们，你们已经偏离了附属于当前主题的那种推理方法，肯定除了在结果中显现的东西之外，给原因的属性添加了别的东西；否则你们决不能勉强或妥当地给结果增加任何东西，以便使它更配得上原因。

那么，我在我的学校里讲授，或更确切地说我在我的花园（gardens）里研究的那个学说的可憎之处在哪里呢？或者说，在这整个问题中，你们发现有什么与良好道德的保障或者社会的和平和秩序丝毫相关吗？

你们说，我否认了天命和世界的最高主宰——这个主宰引导着事件的进程，并在人类的全部事业中以恶名和失望来惩罚恶人，以荣誉和成功来奖赏善人。不过，我肯定不会否认每一个人都可以研究和探究的事件进程本身。我承认，在当前的事物秩序中，善（virtue）比恶更让人心灵安宁，也更能得到世人的青睐。我知道，根据人类过去的经验，友谊是人生的主要乐事，节制则是安宁和幸福的唯一源泉。我从未在善和恶的人生之间摇摆；但我知道，对于一个心地善良的人来说，所有的好处都在前者一方。在你们所有的假设和推理之下，你们还能说什么呢？的确，你们告诉我说，事物的这种安排源于理智和设计。但是不论它源于什么，我们的幸福和不幸所依赖的，因而也是我们生活中的行为和举止所依赖的这种安排本身，仍然是一样的。同你们一样，我仍然可以根据我对过去事件的经验来调节我的行为。如果你们断言，当神意（a divine providence）和宇宙中至高无上的分配正义被承认时，我就应该期待在事件的通常进程之外，对好人和坏人有某种更特殊的奖赏和惩罚，那么我在这里发现了我之前已经发觉的相同谬误。你们一直在想象，如果我们承认你们极力主张的"神存在"，你们就可以稳妥地从它推出结论，并通过基于你们归于你们的神的属性的论证，给被经验到的自然秩序添加某样东西。你们似乎忘记了，你们在这个主题上的所有推理，都只能从结果中得出原因；而且，从原因推断结果的每一个论证都必然是十足的诡辩；因为除了你们先行在结果中充分发现而非推论出来的东西，你们不可能对于原因有任何认识。

但是，哲学家应该怎样看待那些自负的推理者——他们不把当前的事物景象视为他们唯一的打量对象，反而颠倒整个自然进程到如此地步，以至于今生也仅仅是通往更远地方的一个通道，通向一道更大的、非常不同的建筑的门廊；一个仅仅用来引出正文，并使它更加优美和合宜的序言？你认为，这些哲学家的诸神观念来自哪里？一定是来自他们自己的幻想（conceit）和想象。因为如果他们是从当前的现象中得到了它，那么它就决不会指向任何其他东西，而一定会与当前的现象完全吻合。神可能被赋予了我们从未见其发挥出来的属性；可能为一些活动原理——我们无法发觉这些原理的实现——所支配：所有这些都可以得到不受限制的承认。但这仍然只是可能性和假设。我们推论他的任何属性或活动原理，只能推论到我们知道它们被发挥、被实现出来的程度。

世界上是否存在着分配正义的痕迹？如果你们作肯定回答，那么我的结论是，既然正义在这里发挥出来，那么它就得到了实现。如果你们作否定回答，那么我的结论是，那样的话你们就没有理由将我们所说的正义归于诸神。如果你们在肯定和否定之间保持一种中立态度，说诸神的正义现在部分地而不是全部地发挥出来；那么我就要回答说，你们只能把它限定在我们目前看它发挥出来的特殊限度内。

雅典人啊，我就这样把我与我的对手们的争论带向了短暂的终结。我和他们都可以打量自然的进程。被经验到的事件系列是我们所有人用来调节自己行为的伟大标准。无论是在战场，还是在元老院，我们都不能求助于任何其他东西；无论是在学校，还是在私室，也不应该有别的东西被听到。我们有限的理智无法冲破对于我们轻信（fond）的想象来说过于狭窄的那些界限。当我们根据自然的进程论证，并推论出一个特殊的理智原因——它起初给予并始终维持着宇宙秩序——时，我们就接受了一个既不确定又无用的原理。它不确定，是因为这个主题完全超出了人类经验的范围。它无用，是因为由于我们对这一原因的认识完全来自自然的进程，我们就决不能根据正确推理的规则，从这一原因返回到任何新的推论，或者通过对自然的普通而被经验的进程进行补充，来确立任何新的行动和行为原理。

（我见他结束了他的演讲，就说，）我注意到，你并没有忽视古代煽动家的狡诈（artifice）；既然你很高兴让我代表人民，你就通过接受一些原理来巧妙地讨好我——你知道，我一直对这些原理表示特别的依恋。但是，就算你把经验当作（我确实认为你应当这样做）我们对这个以及所有其他事实问题的判断的唯一标准；然而我怀疑，由于你所诉诸的相同经验，反驳你借伊壁鸠鲁之口提出的这个推理也许是可能的。例如，如果你看到一个半成品的建筑，周围堆放着砖、石头、砂浆以及所有的砌筑工具，你不能从这结果推论它是一个设计和发明（contrivance）的作品吗？你不能从这个被推论出的原因再推论出新的结果，并得出结论说，这个建筑很快就会竣工，并得到技艺所能给它的所有进一步的改进吗？如果你在海滩看见一个人的脚印，那么你就会得出结论，一个人从那里走过，而且他还留下了另一只脚的痕迹，尽管由于沙子的碾轧或海水的淹没而消失了。那么对于自然的秩序，你为什么拒绝接受同样的推理方法呢？把世界和今生仅仅视为一个不完美的建筑，你可以由此推论出一个更高（superior）的理智，并从这个不能让任何事物不完美的更高理智出发进行论证，你为什么不能推论出一个更完善的（finished）方案或计划——这个方案或计划将在某个遥远的空间或时间点上完成

呢？这些推理方法不是完全相似吗？你又有什么理由
接受一个而拒绝另一个呢？

他回答说，主题间的无限差异是我的结论出现
这种差异的充分依据。在人类技艺和发明的作品中，
我们可以从结果前进到原因，然后从这个原因出发，
形成关于结果的新推论，并研究它可能经历过或可
能仍在经历的变化。但这种推理方法的基础是什么
呢？很简单，人是这样一种存在：我们通过经验认
识他，我们了解他的动机和计划，并且，根据自然
为管理这样一种被造物而确立的法则，他的计划和
倾向具有某种联结和一致性。因此，当我们发现任
何作品出自人的技艺或劳作时，由于我们并不了解
这种动物的本性，就可以对"我们可以对他有什么
样的预期"作出一百种推论，而这些推论都将建立
在经验和观察之上。但是，如果只根据我们所研究
的单一作品或产品来认识人，那么我们就不能以这
种方式来论证；因为，我们对于归于他的所有性质
的认识，在那种情况下由于都来自那个作品，因此
不能指示任何其他东西，也不能成为任何新推论的

基础。单从沙地上的脚印来看，它只能证明当时有某个与之相应并产生了它的形体：但是，根据我们的其他经验，一个人的脚印也同样证明，很可能有另一只脚也留下了印迹，尽管由于时间或其他的缘故（accidents）消失了。在这里，我从结果上升到原因，再从原因下降，推论出结果的变化，但这并不是同一简单推理系列的延续。在这种情况下，我们还包含了对于那种动物的通常形体和四肢的一百次其他经验和观察——没有这些经验和观察，这种论证方法就会被认为是荒谬和诡辩的。

我们基于自然作品的推理的情形并不相同。神只有通过其作品才为我们所认识，他是宇宙中的单一存在，不隶属于任何一个种或属——根据这个种或属的被经验的属性或性质，我们可以通过类比推论出他的任何属性或性质。既然宇宙显示出智慧和善（goodness），我们就推论出智慧和善。既然宇宙显示了某种程度的这些完满性，我们就推论出某种程度的它们——它们与我们所研究的结果完全吻合。但是，任何正确的推理规则都不允许我们去推论或

假设更多的属性或更高程度的相同属性。现在，没
有这样的假设许可，我们不可能从原因推出超出直
接属于我们观察的事物的东西，也不可能推论出结
果中的任何变化。这个神（Being）所创造的更大的
善，必定证明了更大程度的善：更公正的奖惩分配
必定源于对正义和平等的更大尊重。对自然作品的
每一次假设的补充，都是对自然创造者的属性的补
充；因此，这种补充由于完全不为任何理性或论证
所支持，因而只能被当作纯粹的猜测和假设。①

---

① 一般而言，我认为可以确立如下原则：如果任何原因只有通过其
特殊结果才被认识，那就一定不可能从那个原因推论出任何新的
结果；因为产生这些新的结果以及原先的结果所必需的性质，与
单纯产生那个结果——据假定，原因唯据此结果方为我们所认
识——的性质相比，必定要么不同，要么更高级（superior），要
么具有更广泛的作用。因此，我们没有任何理由假设这些性质
的存在。说新的结果只产生于已经根据最初的结果而被认识的那
种能量（energy）的延续（continuation），也不能消除困难。因
为，即使承认这是事实（这很难被假定），相似能量（因为它不
可能是绝对相同的）的延续和发挥，我说，相似能量在不同的时
空阶段的这种发挥，是一个非常任意的假设，并且是在结果（这
是我们对于原因的所有认识的最初起源）中不可能留下任何痕迹
的。让被推论出的原因与已知结果精确相称（应该如此）；那么
这个原因不可能具有可以推论出新的或不同的结果的任何性质。
【1756 年从正文转换为脚注。这里隐秘讨论的是上帝存在的论
证：参见洛克：《人类理智论》，4.10；克拉克，《上帝存在和属
性的理证》，VIII；以及《来自一位绅士的一封信》。】

我们之所以在这个主题上犯错，之所以沉湎于无限制的肆意猜测，主要就是因为我们默默地将自己视为至上存在，并得出结论：他在任何情况下都会遵循相同的行为——我们自己在他的处境中会认为这样的行为合理而适宜。可是，自然的通常进程可以让我们相信，几乎所有的事情都是由与我们的原理和原则非常不同的原理和原则调节的；此外，我要说的是，从人的意向和计划到如此不同和如此优越的存在的意向和计划的推理，显然违背了所有的类比规则。在人性中，意图和倾向具有某种经验上的一致性，因此，当我们在任何事实中发现了任何人的一个意向时，就根据经验推论出另一个意向，并得出关于他过去或将来的行为的一长串结论，往往是合理的。但是，对于一个如此遥远和不可理解的存在，这种推理方法决不能成立，因为他与宇宙中任何其他存在的相似性都远远小于太阳与细支小蜡烛之间的相似性，并且他只通过某些模糊的迹象或轮廓来显示自己，除此之外我们无权赋予他任何属性或完满性。我们想象的较高完满性，实际上可能是一个缺陷。或者说，如果它真是十足的完满性，如果它在其作品中似乎并没有得到真正的充分发挥，那么把它归于至上的存在，就更像是奉承和赞颂，而不是正确的推理和健全的哲学。因此，世界上的一切哲学，以及无非是一种哲学的一切宗教，都无法使我们超出通常的经验过程，也无法为我们提供这样一些行动和行为标准：它们与对普通生活的反思所提供的行动和行为标准不同。除了已经为实践和观察所认识的东西，任何新的事实都不能从宗教的假设中推论出来，任何事件都不能被预见或预知，任何奖赏或惩罚都不能被期待或畏惧。所以，我对伊壁鸠鲁的辩护仍然显得坚实而令人满意；社会的政治利益与关于形而上学和宗教的哲学争论没有任何联系。

我回答说，还有一个情节你似乎忽略了。虽然我同意你的前提，但我必须否认你的结论。你得出结论说，宗教的教义和推理对生活没有影响，因为它们本不应该有影响；你从未考虑过，人们不以你的方式推理，他们从对神存在的信念中得出很多结论，并假设除了在自然的通常进程中所显现的之外，神还将对恶施以惩罚，对善给予奖赏。他们的推理正确与否并不重要。它对他们的生活和行为的影响肯定还是一样的。那些试图消除他们这种偏见的人，也许是很好的推理者，但我不能同意他们是好的公民和政治家；因为他们让人们摆脱了对其激情的一种约束，并在某种意义上使违反社会法律变得更容易、更安全。

归根结底，我也许同意你赞成自由的一般结论，尽管这个结论的前提与你试图据以建立自由的那些前提不同。我认为，国家应当包容每一种哲学原理；没有任何一个例子表明，任何政府由于这样的纵容而在政治利益上受损。哲学家身上没有狂热；他们的学说并不十分吸引人民；除了会对科学甚至对国家造成危害，即在大多数人类更深切关注和关心的问题上为迫害和压迫铺平了道路，他们的推理没有任何限制。

（我接着说，）但是，关于你的主要论题，我想到了一个困难，我只向你提出这个困难，但不坚持它，以免陷入本性过于精细和精密的推理。总之，我很怀疑，一个原因是只能通过其结果被认识（这是你一直假设的），还是具有如此独一无二和特殊的本性，以至于与我们观察到的任何其他原因或对象都没有任何类似和相似之处。只有当两种对象被发现恒常地会合在一起时，我们才能从一种对象推论出另一种对象，如果出现了一个完全独一无二的、不属于任何已知种类的结果，那么，我看不出我们能对它的原因形成任何猜测或推论。如果经验、观察和类比确实是我们在进行这种本性的推论时唯一能够合理遵循的指南，那么，结果和原因都必须与我们所知道的、我们在许多情况下发现互相会合的其他结果和原因相似。我让你自己去反思这一原理的后果。我只想说，既然伊壁鸠鲁的对手总是假设宇宙（一个非常独一无二的结果）是神（一个同样独一无二的原因）的证明；那么根据这个假设，你的推理似乎至少值得我们注意。我承认，这里有某种困难，即我们如何能从原因回到结果，并根据我们的原因观念推理，从而推论出结果中的任何变化或增加。

第十二章
论学园派或怀疑派的哲学

第一节

在任何主题上所展示的哲学推理，都没有证明神的存在并驳斥无神论者的谬误的哲学推理多；然而，最虔诚的哲学家们仍在争论，是否有人会如此盲目，以至于成为一个思辨的无神论者。我们该如何调和这些矛盾？为了清除龙和巨人而四处游荡的骑士们，从未对这些怪物的存在产生过丝毫怀疑。

怀疑论者是宗教的另一个敌人，他自然会激起所有神学家和较为严肃的哲学家的愤怒；但是，肯定没有人遇到过任何这样荒谬的被造物，或者与对任何行动或思辨的主题没有任何意见或原理的人交谈。这就产生了一个非常自然的问题，怀疑论者是什么意思？可以把这些怀疑和不确定的哲学原理推进到什么程度？

有一种先行于一切研究和哲学的怀疑论，是笛卡尔和其他人当作预防错误和仓促判断的万能良药来大力教诲的。它推荐一种普遍的怀疑：不仅怀疑我们以前所有的意见和原理，而且怀疑我们的各种官能；他们说，我们必须通过从某个不可能出错或欺骗的源始原理演绎出来的推理系列，来确保这些官能的真实性。可是，并不存在任何这种具有高于其他自明可信原理特权的源始原理；或者，即使存在这样的原理，我们也只有通过使用我们已经不信任的那些官能才能跨出超出它的一步。因此，笛卡尔式的怀疑，如果有可能为任何人所达到（这显然是不可能的），也会是完全无可救药的；任何推理都不可能使我们对任何主题产生信心和确信。

然而，必须承认的是，这种怀疑论在更为温和

的时候，可以在非常理性的意义上被理解，并且是
哲学研究的必要预备，因为它可以使我们的判断保
持合适的公正性，使我们的心灵摆脱我们可能从教
育或轻率的意见中接受的所有偏见。从清楚和自明
的原理开始，以战战兢兢而稳健的步伐前进，经常
检查我们的结论，并精确考察它们的一切后果；尽
管通过这些途径我们只能在我们的体系中取得既缓
慢又短小的进步；但它们是我们可以借以希望达到
真理、在我们的裁决中达到合适的稳定性和确定性
的唯一方法。

　　还有一种作为科学和研究的逻辑结果的怀疑论，
即人们据称已经发现了他们的心灵官能的绝对谬误，
或者这些官能无法在它们通常被运用其上的所有那
些新奇的思辨主题上达到任何确定的结论。甚至我
们的感官也被某些哲学家拿来争论，日常生活的原
则也会遭到与形而上学和神学的最深奥原理或结论
一样的质疑。既然这些自相矛盾的信条（如果可以
称之为信条的话）可以在某些哲学家那里遇到，而
对它们的反驳则可以在若干哲学家那里遇到，那么

它们自然地激起了我们的好奇心，驱使我们去研究它们可能依据的论证。

我无需强调古往今来的怀疑派用来反对感官证据的更老套的论题，比如源于我们的器官在无数情况下的缺陷和谬误的论题：桨在水中的弯曲现象，对象在不同距离的不同样子，挤压一只眼睛所引起的双重意象（images），以及许多其他相似本性的现象。实际上，这些怀疑论的论题只足以证明单纯感官不是绝对可靠的；我们必须通过理性，通过从媒介的本性、对象的距离、器官的倾向等方面得来的考虑来纠正它们的证据，从而使它们在其范围内成为真假的合适标准。反对感官还有其他一些更深奥的论证，但不是那么容易解决的。

显而易见，人们由于自然本能或偏见的推动而把信仰寄托于他们的感官；在没有任何推理的情况下，甚或在使用理性之前，我们就总是假设一个外部宇宙不依赖于我们的知觉，即使我们以及一切有感知的生物都不在场或消失了，它也会存在。就连动物也受相似意见的支配，在它们的所有思想、计划和行动中都保持着对外部对象的这种信念。

　　同样显而易见的是，当人们遵循这种盲目而强大的自然本能时，他们总是假设由感官所呈现的意象就是外部对象，从不怀疑前者不过是后者的表象（representations）。我们眼前的这张桌子——看上去白的、摸上去硬的——被认为不依赖于我们的知觉而存在，并且是在我们知觉它的那个心灵之外存在的东西。我们的在场不会赋予它存在：我们的不在场也不会消灭它。它保持着它一致和完整的存在，独立于知觉或打量它的理智存在的处境。

　　但所有人的这种普遍而原始的意见，很快就被最轻微的哲学摧毁，因为这种哲学教导我们，除了意象或知觉，没有什么可以呈现于心灵，而且感官也只是这些意象得以传达的入口，无法在心灵和对象之间产生任何直接的交流。我们看见的桌子，在我们远离时似乎在变小，但独立于我们而存在的实在桌子，却没有发生变化：因此，呈现于心灵的不过是它的意象。这些是明显的理性规定（dictates）；反思的人都不会怀疑，当我们说这所房子和那棵树时，我们所考虑的存在不是别的，只是心灵中的知觉，是其他保持同一和独立的存在转瞬即逝的摹本或表象。

至此，推理迫使我们违背或背离自然的原始本能，去接受一个关于我们的感官证据的新体系。然而，当哲学要为这个新体系辩护，并消除怀疑派的挑剔和反对时，她却发现自己极其尴尬。她不能再求助于绝对可靠和不可抗拒的自然本能了：因为那会把我们引向一个非常不同的体系——这个体系是公认靠不住的，甚至错误的。以一串清楚而可信的论证，甚至是任何表面上的论证，来证明这个所谓的（pretended）哲学体系的正确性，超出了人类所有的能力。

有什么论证能证明，心灵的知觉一定是由与之相似（如果这是可能的）却完全不同的外部对象所引起的，而不可能产生于心灵自身的能量、某个不可见和未知的精神的暗示或者某个其他更不为我们所知的原因呢？人们承认，许多知觉实际上并不产生于任何外部事物，比如在梦、疯狂以及其他疾病中的情形。没有什么比物体作用于心灵的方式更不可思议的了，因为物体要把自己的意象传递给一个被认为本性如此不同甚至相反的实体。

感官知觉是否由与之相似的外部对象产生，这是一个事实问题：如何裁决这个问题呢？当然是靠经验；就像一切其他本性相似的问题。但这里，经验是且必须是完全沉默的。呈现给心灵的没有别的，只有知觉，心灵也不可能获得它们与对象联结的任何经验。因此，这样一种联结的假设是没有任何推理根据的。

为了证明我们的感官的可靠性而求助于至上存在的诚实，无疑是在出乎意料地兜圈子。如果他的诚实果真与这件事有关，那么我们的感官就会是完全可靠的；因为他决不可能被欺骗。更不用说，一旦外部世界被质疑，我们将找不到任何论证来证明那个神（Being）或他的任何属性的存在。

因此，在这个论题上，当更深奥、更哲学的怀疑派试图将普遍怀疑引入人类知识和研究的一切主题时，他们将总能取胜。他们会说，你是由于遵循自然的本能和倾向而同意感官的可靠性的吗？但这些都是让你相信知觉或可感意象就是外部对象。你会为了接受一个更理性的意见，即知觉只是外部事物的表象，而否认这一原理吗？这时你又背离了你的自然倾向和更明显的知觉（sentiments）；然而，你仍不能满足你的理性，因为它绝不能从经验中找到任何可信的论证，来证明知觉与任何外部对象相联结。

还有一个本性相似的怀疑论论题来源于最深奥的哲学；如果有必要如此潜心钻研，以便发现几乎无助于任何严肃目的的论证和推理，那么这个论题也许值得我们注意。现代研究者普遍承认，对象的所有可感性质，如硬、软、热、冷、白、黑等等，都只是第二性的（secondary），并不存在于对象自身中，而只是心灵的知觉，也不表象任何外部的原型（archetype）或模型（model）。如果这种论断对于第二性质是有效的，那么对于假定的第一（primary）性质——广延和坚实性，它必然也是有效的；后者并不比前者更配得上"可感性质"这个称号。广延的观念完全是从视觉和触觉中获得的；如果由感官

所知觉的一切性质都在心灵中，而不在对象中，那
么同样的结论必然会延伸到广延的观念，因为它完
全依赖于可感的观念或第二性质的观念。除了断言
那些第一性质的观念是通过抽象得到的，没有什么
能让我们摆脱这个结论，但是如果精确地考察这个
断言，我们就会发现它是不可理解的，甚至是荒谬
的。一个既不可触亦不可见的广延是无法设想的：
一个可触或可见的广延既不硬亦不软，既不黑亦不
白，同样也是人类无法设想的。让任何人试着设想
一个普遍的三角形，这个三角形既不是等边的，也
不是不等边的，也没有任何特定长度或比例的边，
他很快就会意识到关于抽象和普遍观念的一切经院
概念的荒谬。①

---

① 这一论证引自贝克莱博士。的确，这位非常机智的作家的大部分
著作，构成了包括贝尔（Bayle）在内的古代或现代哲学家中所
能发现的最好的怀疑论教程（lessons）。然而，他在书的扉页上
（并无疑以巨大的真诚）声称，他的著作反对怀疑派以及无神论
者和自由思想者。然而，他的所有论证尽管别有所图，但实际上
只是怀疑论的，这一点可以从如下一点看出：这些论证不容许回
答，也不产生确信。它们的唯一作用就是引起那种短暂的惊异、
犹豫和混乱，而这正是怀疑论的结果。

于是，对感官证据或外部存在的意见的第一个哲学反驳就在于：这样一个意见如果依赖于自然本能，那就违背了理性，而如果求助于理性，那就违背了自然本能，同时也没有任何理性证据去说服一个公正的研究者。第二个反驳走得更远，它把这个意见描述为与理性相悖；至少在"一切可感性质都在心灵、而不在对象之中"是一个理性原理时是如此。剥夺了物质的所有可理解性质（包括第一性质和第二性质），你就在某种意义上消灭了物质，只留下某种未知的、不可解释的东西作为我们知觉的原因；这个概念如此不完善，以至于没有怀疑论者会认为值得与之争论。

第二节

用论证和推理（ratiocination）摧毁理性，似乎是怀疑派非常过分的企图，但这是他们所有研究和争论的宏伟目标。他们力图找到对我们的抽象推理与关于事实和存在的推理的反驳。

第十二章
论学园派或怀疑派的哲学

对一切抽象推理的主要反对源于空间和时间的观念；在日常生活中粗心地看这些观念，这些观念是非常清楚和可理解的，但是，当它们经受深奥科学（它们就是这些科学的主要对象）的细致检查时，它们就会产生似乎充满谬误和矛盾的原理。为了驯服和制服人类反叛的理性而发明的牧师教条，并不比广延的无限可分学说及其后果更冲击常识；因为所有几何学家和形而上学家都以一种胜利和欢腾的姿态堂而皇之地展示后者。一个实在的量，无限地小于任何有限的量，而自身又包含了无限地小于自身的量，如此以至于无穷；这个理论如此大胆和奇异，以至于它对任何所谓的理证都过于沉重而无法支撑，因为它冲击人类理性最清楚、最自然的原理。[①] 然而，使这件事变得更不寻常的是，这些看似荒谬的意见为一系列最清楚、最自然的推理所支持；我们也不可能只承认前提

---

① 不论对于数学点会有何种争论，我们都必须承认物理点存在；物理点就是不能为眼睛或想象所分割或减小的广延部分。因此，呈现于想象或感官的那些意象绝对不可分割，所以数学家们必须承认它们无限地小于广延的任何实在部分；然而，对理性而言，没有什么比无限数目的它们构成一个无限的广延更确定的。无限数目的那些无限小的广延部分，又何尝不被认为是无限可分的。

而不承认结论。没有什么比有关圆或三角形属性的所有结论更令人信服和满意的了；然而，一旦接受了这些结论，我们又怎么能否认：圆与它的切线之间的接触角无限小于任何直线角，当你无限地增加圆的直径时，这个接触角会变得更小，甚至无限小，并且，其他曲线与其切线之间的接触角可以无限小于任何圆与其切线之间的接触角，如此以至于无穷？对这些原理的理证似乎与证明"三角形的三个角等于两直角"的理证一样无懈可击，尽管后者是自然和容易的，而前者却充满了矛盾和谬误。在这里，理性似乎陷入了一种惊异和迟疑之中——没有任何怀疑论者的暗示，这种惊异和迟疑就使理性对自己和她所踏足的领域产生怀疑。她看见一道强光照亮了某些地方；但那道光毗邻最深的黑暗。在这两者之间，她如此眩晕和困窘，以至于几乎不能确定和确信地断言任何一个对象。

　　抽象科学的这些大胆结论的荒谬性，如果可能的话，在涉及时间时似乎比涉及广延时更加明显。时间的无数个实在部分——它们接续流逝，一个接一个地消逝——似乎是一个如此明显的矛盾，以至于人们认为，判断力不为科学所败坏而为其所改善的人，从未有能力接受它。

然而，理性必须保持躁动和不安，甚至在面对这些表面的荒谬和矛盾使她陷入的那种怀疑论时也是如此。任何一个清楚、明白的观念，怎能包含与它自身或任何其他清楚、明白的观念相矛盾的情节，这是绝对不可理解的；也许，这就与任何可以形成的命题一样荒谬。因此，没有什么比这种产生于几何学或关于量的科学的一些矛盾结论的怀疑论本身，更是怀疑论的，或更充满怀疑和犹豫。①

---

① 要避免这些荒谬和矛盾，似乎并非不可能，只要承认，严格说来不存在像抽象或普遍观念这样的东西，所有普遍观念实际上不过是依附于一个普遍名词的特殊观念，这个普遍名词在需要时会唤起在某些情节上与呈现于心灵的观念相似的其他特殊观念。例如，当我们念出"马"这个字时，立即向自己形成一个具有特定大小或体形的黑色或白色动物的观念，但是，既然这个字通常也被应用于具有其他颜色、形象和大小的动物，所以这些观念尽管没有真的呈现于想象，却很容易被唤起，而我们的推理和结论就以相同的方式推进，仿佛它们是真实存在的。如果承认这一点（这似乎是合理的），那么，数学家们的推理所依据的所有量的观念，只是特殊的、为感官和想象所提示的，因而也不能是无限分割的。现在只需放下这个线索即可，无需再继续下去。当然，所有热爱科学的人都不希望自己的结论受到无知者的嘲笑和蔑视，而这似乎就是这些困难最容易的解决办法。

对或然性（moral）证据或关于事实的推理的怀疑论反驳，要么是通俗的，要么是哲学的。通俗的反驳源于人类理智自然的脆弱；在不同的时代、不同民族所持有的相矛盾的意见；我们在疾病和健康、年轻和年老、顺境和逆境中的判断的变化；每个具体的人的意见和观点（sentiments）的无休止的矛盾；以及许多其他这类论题。没必要对这一主题再穷追不舍了。不过，这些反驳是无力的。因为，既然在日常生活中，我们每时每刻都在对事实和存在进行推理，不持续运用这种论证，我们就不可能生存下去，那么由此得来的任何通俗反驳，一定不足以摧毁那一证据。皮浪主义（Pyrrhonism）或过度的怀疑主义原理的伟大颠覆者，是日常生活中的行动、事务和职业。这些原理可以在各学派中繁荣和成功；在那里，反驳它们——如果不是不可能——确实很难。但是，一旦它们离开阴暗的地方，并由于激发我们激情和情感的实在对象的出现而与我们天性中更强大的原理对抗时，它们就会像烟雾一样消散，让最坚定的怀疑论者处于和其他凡人一样的境地。

因此，怀疑论者最好保持在自己的合适范围内，并展示产生于更深奥研究的那些哲学反驳。在这里，他似乎有获胜的充分理由，因为他有理由坚持，我们对于超出感官或记忆证词的任何事实的全部证据，都完全源于因果关系；对于这种关系，我们没有别的观念，只有两个经常会合在一起的对象的观念；没有论证使我们相信，在我们的经验中经常相会合的对象，在其他情况下也会以同样的方式相会合；除了习惯或我们天性中的某种本能，没有什么可以把我们引向这个推论。这种本能固然难以抗拒，但它和其他本能一样，也可能是靠不住和欺骗性的。当怀疑论者坚持这些论题时，他展示了他的力量，或更确切地说，他实际上展示了他自己和我们的软弱，至少就目前而言，他似乎摧毁了所有的确信和信念。如果这些论证能给社会带来任何持久的善或利益，它们本可以得到更详尽的展示。

因为这就是对过度怀疑论的主要和最有力的反驳，即在它保持其全部力量和活力时，它也不能带来任何持久的善。我们只需问问这样的怀疑论者：

他的意思是什么？他的所有这些奇怪的研究是为了什么呢？他立即茫然了，不知道怎么回答。各自支持其不同天文学体系的哥白尼派（Copernican）或托勒密派（Ptolemaic），可以希望在他的听众中产生一种保持不变和持久的信念。斯多亚派或伊壁鸠鲁派所展示的原理可能并不持久，但会对举止和行为产生影响。但一个皮浪派不能期待自己的哲学会对心灵产生任何持久的影响，或者即使它有这样的影响，也不能期待它的影响会对社会有利。相反，他必须承认——如果他愿意承认什么——他的原理若普遍而稳定地流行起来，所有的人类生活都将消亡。一切言论、一切行动都会立即停止；人们会一直处于完全无生气（lethargy）的状态，直到得不到满足的自然需要结束了他们的悲惨生活。的确，如此致命的事件并不可怕。自然对于原理而言总是过于强大。尽管一个皮浪派可以通过他的深奥推理把自己或其他人抛入暂时的惊异和困惑之中，但生活中的第一个最琐细的事件就会击溃他的全部怀疑和顾虑，让他在行动和思辨的每一时刻，都与其他各派哲学家或从未关注过任何哲学研究的人一样。当他从梦中醒来时，他将第一个加入嘲笑自己的行列，并承认他的所有反驳都不过是娱乐，除了展示人类必须行动、推理和相信的奇怪处境的倾向，他不能有任何其他倾向；尽管人类通过最勤奋的研究，也无法在这些活动的基础方面让自己满意，也无法消除可能对它们提出的反驳。

第三节

实际上，有一种更温和的怀疑论或学园派的哲学，它可能既持久又有用，在某种程度上，它可能是上述皮浪主义或过度怀疑论的结果，是后者无分别的怀疑在某种程度上被常识和反思纠正的产物。大部分人类自然地倾向于对自己的意见持肯定而独断的态度：当他们只是片面地看待对象，而对任何相对抗的论证没有观念时，他们就贸然投身于自己所倾向的原理，对持相反意见者丝毫不迁就。犹豫或权衡会使他们的理智茫然，也会抑制他们的激情，中止他们的行动。因此，他们急于摆脱对他们而言很不舒服的状态，他们认为，决不能通过断言的激烈和信念的顽固来使自己远离这种状态。但是，如果这些独断的推理者能够意识到人类理智的奇怪缺陷——即使是在它最完美、其决断最精确和最谨慎时也有这些缺陷；那么这一反思就会自然地唤起他们更多的谦逊和拘谨，减少他们对自己的好评以及对对手的偏见。无知的人可以反思一下有学问者的性情，后者虽然拥有研究和反思的所有好处，但通常还是难以作决断：如果有学问者由于其自然性情而有傲慢和固执的倾向，那么少许的皮浪主义就可以减少他们的骄傲，让他们知道，与人类本性中固有的普遍困惑和迷茫相比，他们可能获得的那点对于其同伴的优势实在是微不足道。一般而言，在各种审查和结论中，公正的推理者永远应该有一定程度的怀疑、谨慎和谦虚。

另一种温和的怀疑主义可能对人类有利，并且可能是皮浪主义的怀疑和犹豫的自然结果，它把我们的研究限制在最适合于人类理智的狭隘能力的主题之内。人的想象天性崇高，喜欢一切遥远而不同寻常的东西，并且不受控制地驰骋于最遥远的时空，以避开习惯使它过于熟悉的对象。正确的判断则遵循相反的方法，避免一切遥远而高尚的研究，让自己局限于日常生活以及隶属于日常实践和经验的那类主题，将更崇高的论题留给诗人和演说家来润色，或者留给教士和政治家的技艺。要使我们作出如此有益的决断，最有用的办法莫过于一度彻底相信皮浪主义怀疑的力量，相信除了自然本能的强大力量之外，任何东西都不可能使我们摆脱这种怀疑。有哲学倾向的人将继续他们的研究；因为除了这种职业所带来的直接快乐，他们还反思到，哲学的结论（decisions）只不过是对日常生活的条理化和纠正了的反思。但是，只要考虑到他们所使用的那些官能的不完善、它们的狭窄范围以及它们不精确的活动，他们就决不会被诱导超出日常生活。如果我们无法给出一个让人满意的理由，来说明为什么我们在一千次实验之后会相信石头会下坠，火会燃烧；那么，我们对于诸世界的起源、永恒的自然状况

（situation）可能形成的任何结论，能让我们满意吗？

事实上，我们研究的这种狭隘限制，在各方面都如此合理，以至于它足以对人类心灵的各种自然能力作最细微的检查，并将它们与其对象作比较，以便把自己推荐给我们。这样，我们就会发现什么是科学和研究的合适主题。

在我看来，抽象科学或理证的唯一对象是量（quantity）和数（number），而把这种更完美的知识种类扩展到这些界限之外的所有尝试，都不过是诡辩和幻想。由于量和数的组成部分完全相似，它们的关系就变得错综复杂；没有什么比通过各种媒介，透过那些部分的不同现象来追溯它们的相等或不相等，更奇特、更有用了。但是，由于所有其他观念都是明显彼此不同和相异的，因此我们只能注意到这种多样性，并通过明显的反思断言一事物不是另一事物，而决不能通过最大限度的审查前进一步。或者，如果在这些结论中有任何困难，那这个困难也完全是由词义不明确造成的，而这又可以为更精确的定义所纠正。对于"斜边的平方等于其他两边

的平方和"这样一个命题，就算其中的术语得到了
十分精确的定义，但不经过一系列的推理和研究，
它也不能被认识。但是，要让我们相信命题"没有
财产的地方，就不可能有不正义"，我们只须定义这
些术语，并把不正义解释为对财产的侵犯。实际上，
这个命题不过是一个更不完美的定义。在量和数的
科学之外的所有其他学问分支中可能找到的所有那
些所谓（pretended）三段论推理，也是这种情况；我
认为，这些可以有把握地宣称为知识和理证的唯一
合适对象。

人类的所有其他研究都只涉及事实和存在，而
这些显然是无法理证的。任何存在的东西都可能不
存在。对事实的否认不可能包含矛盾。任何存在者
（being）的非存在（non-existence），无一例外地是
与它的存在一样清楚、明白的观念。断言它不存在
的命题不论多假，与断言它存在的命题一样可设想、
可理解。严格意义上所谓的科学的情况却不同。每
一个不真的命题都是混乱的、不可理解的。"六十四
的立方根等于十的一半"是一个假命题，绝不能被

明白地设想。但是，凯撒、天使加百列（Gabriel）或任何存在者从未存在过，可能是一个假命题，但仍然是完全可设想的，也不蕴含矛盾。

因此，任何存在者的存在都只能通过基于其原因或结果的论证来证明，而这些论证完全建立在经验之上。如果我们先验地推理，那么任何事物似乎都能产生任何事物。一块鹅卵石的下坠可能会毁灭太阳，或者一个人的愿望可能会控制行星的轨道。只有经验教导我们因果关系的本性和界限，使我们能够从一对象的存在推论另一对象的存在。① 这就是或然性推理的基础，而或然性推理构成了人类知识的大部分，也是人类一切行动和行为的源泉。

或然性推理要么涉及特殊事实，要么涉及一般事实。生活中的所有考虑都关乎前者，历史学、年代学（chronology）、地理学和天文学中的所有研究

---

① 古代哲学中的一个渎神原则——无不能生有（*Ex nihilo, nihil fit*）（根据这个原则物质的创造就被排除了）——根据这一哲学就不再是一个原则了。不仅至上存在（the Supreme Being）的意志可以创造物质，而且就我们先验地知道的而言，任何其他存在的意志或最古怪的想象所能提出的任何其他原因，都可以创造物质。

也是如此。

研究一般事实的科学是政治学、自然哲学、医学、化学等，在这些科学中，要研究的是整类对象的性质、原因和结果。

神学由于证明了神的存在和灵魂的不朽，因此它部分地由关于特殊事实的推理构成，部分地由关于一般事实的推理构成。就它为经验所支持而言，它有理性的基础。不过，它最好、最牢固的基础是信仰和神的启示。

严格地说，道德学和批评学（criticism）与其说是理智的对象，不如说是品位和情感的对象。美——不论是道德的还是自然的——严格说来是被感受到的，而不是被知觉到的。或者，如果我们对美进行推理，并努力确定它的标准，那么，我们所涉及的是一个新的事实，即人类的普遍品位，或者某个可以作为推理和研究对象的那种事实。

当相信了这些原理而造访图书馆时，我们会造成怎样的破坏呢？如果我们拿起任何一卷书，例如，一卷神学或经院形而上学（school metaphysics）的书，那么让我们问一问：它包含任何有关量或数的抽象推理吗？没有。它包含任何有关事实和存在的经验推理吗？没有。那就把它付之一炬吧：因为它里面除了诡辩和幻想，什么也没有。

本书的翻译参考如下版本：

An Enquiry Concerning Human Understanding

Cambridge University Press, 2007

MINERVA

· 密涅瓦 ·

《不受掌控》　　　　　　　　　　[德] 哈特穆特·罗萨 著
　　　　　　　　　　　　　　　　　郑作彧　马　欣 译
《部落时代：个体主义在后现代社会的衰落》
　　　　　　　　　　　　　　　　　[法] 米歇尔·马费索利 著　　　许轶冰 译
《鲍德里亚访谈录：1968—2008》
　　　　　　　　　　　　　　　　　[法] 让·鲍德里亚 著　　　　　成家桢 译
《替罪羊》　　　　　　　　　　　　[法] 勒内·基拉尔 著　　　　　冯寿农 译
《吃的哲学》　　　　　　　　　　　[荷兰] 安玛丽·摩尔 著　　　　冯小旦 译
《经济人类学——法兰西学院课程（1992—1993）》
　　　　　　　　　　　　　　　　　[法] 皮埃尔·布迪厄 著　　　　张　璐 译
《局外人——越轨的社会学研究》
　　　　　　　　　　　　　　　　　[美] 霍华德·贝克尔 著　　　　张默雪 译
《如何思考全球数字资本主义？——当代社会批判理论下的哲学反思》
　　　　　　　　　　　　　　　　　　　　　　　　　　　　　　　蓝　江 著
《晚期现代社会的危机——社会理论能做什么?》
　　　　　　　　　　　　　　　　　[德] 安德雷亚斯·莱克维茨
　　　　　　　　　　　　　　　　　[德] 哈特穆特·罗萨 著　　　郑作彧 译
《解剖孤独》　　　　　　　　　　　[日] 慈子·小泽-德席尔瓦 著
　　　　　　　　　　　　　　　　　季若冰　程　瑜 译
《美国》(修订译本)　　　　　　　[法] 让·鲍德里亚 著　　　　　张　生 译
《面对盖娅——新气候制度八讲》
　　　　　　　　　　　　　　　　　[法] 布鲁诺·拉图尔 著　　　　李婉楠 译
《狄奥尼索斯的阴影——狂欢社会学的贡献》
　　　　　　　　　　　　　　　　　[法] 米歇尔·马费索利 著　　　许轶冰 译

思辨万象

《概率：人生的指南》　　　　　　　[英] 达瑞·P. 罗博顿 著　　　　雒自新 译
　　　　　　　　　　　　　　　　　刘叶涛 校
《哲学与现实政治》　　　　　　　　[英] 雷蒙德·戈伊斯 著　　　　杨　昊 译
《作为人间之学的伦理学》　　　　　[日] 和辻哲郎 著　　　　　　　汤恺杰 译
《扎根——人类责任宣言绪论》(修订译本)
　　　　　　　　　　　　　　　　　[法] 西蒙娜·薇依 著　　　　　徐卫翔 译
《电子游戏与哲学》　　　　　　　　[美] 乔恩·科格本
　　　　　　　　　　　　　　　　　[美] 马克·西尔考克斯 著　　　施　璇 译
《透彻思考：哲学问题与成就导论》(第二版)
　　　　　　　　　　　　　　　　　[美] 克拉克·格利穆尔 著
　　　　　　　　　　　　　　　　　张　坤　张寄冀 译